Colección *Biografías y documentos*

Jaque mate

ROSSO JOSÉ
SERRANO CADENA

Jaque mate

DE CÓMO LA POLICÍA LE GANÓ
LA PARTIDA A "EL AJEDRECISTA"
Y A LOS CARTELES DEL NARCOTRÁFICO

Con la colaboración de Santiago Gamboa

GRUPO EDITORIAL NORMA
Barcelona Buenos Aires Caracas Lima Guatemala México Panamá
Quito San José San Juan San Salvador Santa Fe de Bogotá Santiago

Primera edición: diciembre de 1999
Primera reimpresión: diciembre de 1999
Segunda reimpresión: diciembre de 1999
Tercera reimpresión: enero del 2000
© Rosso José Serrano Cadena, 1999
© Editorial Norma, s. a., 1999
  Apartado 53550
  Santa Fe de Bogotá, Colombia

Ilustración de cubierta: Olga Lucía García
Fotografía de cubierta: Hernán Díaz
Diseño: Camilo Umaña
Fotografías del inserto: Javier Casella, Carlos Perdomo y
archivo Policía Nacional.

Impreso por: Imprelibros S. A.
Impreso en Colombia – Printed in Colombia

cc 20566
isbn 958-04-5600-3

Este libro se compuso en caracteres Granjon

Contenido

Introducción

UN DÍA, POCO TIEMPO DESPUÉS de desmantelar el cartel de Cali, me encontré con Gabriel García Márquez en una reunión en la que hablamos largo rato sobre las anécdotas e historias del plan estratégico que diseñamos para llegar hasta donde los hermanos Rodríguez Orejuela, cabezas del cartel de Cali. Después de escuchar con mucha atención, me dijo: "Escriba, general, porque esto es parte de la historia de Colombia y usted es la persona que más sabe sobre este tema".

Decidí seguir su consejo para plasmar mi experiencia policial de muchos años y con el anhelo de que nuestros nietos puedan vivir en un mundo libre del criminal negocio del narcotráfico. Y ya que mi campo no es la escritura, le pedí su ayuda. Me puse en contacto con Editorial Norma y me recomendó como colaborador a Santiago Gamboa. Después de poco más de un año, de jornadas de trabajo con Gamboa y todo mi equipo, de leer y trabajar sobre más de tres versiones del manuscrito hemos llegado al final.

Espero haber logrado narrar la experiencia del combate al narcotráfico de manera que los lectores puedan comprender que con trasparencia, honestidad y decisión de luchar contra la corrupción se puede afrontar incluso un problema mundial, de unas dimensiones enormes. No ha sido mi ánimo en ningún momento, ofender, estigmatizar o perjudicar a nadie. Sí mostrar que se pueden hacer las cosas bien y que es posible conseguir una sociedad mejor.

Debo decir que el entusiasmo que me infundió Gabriel García Márquez, el trabajo y dedicación de Santiago Gamboa, la coordinación y colaboración de Carlos Perdomo y el apoyo permanente de mis editores ha sido invaluable.

ROSSO JOSÉ SERRANO CADENA
Bogotá, 17 de noviembre de 1999

Jaque mate

"Cañengo"

LA BRUJA MIRÓ la bola de vidrio en silencio y Jorge Eliécer, que es un hombre muy nervioso, le preguntó:

—¿Qué ve?

La mujer se demoró un segundo en responder.

—Veo un manto verde, verde, verde.

Jorge Eliécer volvió a impacientarse y siguió preguntando.

—¿Qué, una finca?

Entonces la mujer prefirió ser sincera.

—No —le dijo— es la policía.

La casa era en realidad un prostíbulo clandestino, una construcción modesta de un solo piso con puertas metálicas pintadas de blanco, en el barrio Junín de Cali. Ahí Jorge Eliécer se citaba con la bruja cada tanto para que le leyera el futuro, para que le dijera que esa vida disipada y alegre que llevaba desde hacía varios años iba a poder continuar. Él sabía que lo andábamos siguiendo, sabía que en cualquier momento podíamos agarrarlo, y por eso necesitaba las palabras de la pitonisa. Pero ese día, la noche del 2 de marzo de 1995, las cosas fueron distintas.

Al salir de la casa Jorge Eliécer subió a un Chevrolet Swift color azul que había dejado estacionado debajo de uno de los dos almendros del andén. La calle estaba vacía y él se puso nervioso, por lo que volvió a bajar del auto. Sentía algo extraño en el ambiente. Y tenía razón: los agentes del Comando Especial habían acordonado toda la manzana y lo esperaban, aunque tenían algunas dudas sobre su identidad. Desde la esquina, apostados en una camioneta Cherokee con placas de Cali, nuestros hombres revisaron las fotos más recientes y comprobaron que la estatura y los rasgos generales coincidían. Podía ser. Tenía pantalones bluejeans, una camiseta blanca y zapatos rojos con medias blancas. Eran las ocho y quince minutos de la noche.

Entonces Jorge Eliécer subió por segunda vez al auto, ya decidido a irse. Detrás, uno de los agentes de Inteligencia bajó de la Cherokee, se acercó despacio y se le paró delante levantando una mini Uzi.

—¡Bájese con las manos arriba!

Jorge Eliécer salió del auto muy despacio.

—¡Documentos!

Otro de los agentes se acercó y le revisaron los papeles. La cédula tenía un nombre desconocido, el de Libardo Vásquez Perdomo. Jorge Eliécer se presentó como un vendedor de lámparas.

Luego revisaron el auto y encontraron que, efectivamente, llevaba en el baúl varias cajas con lámparas nuevas. Mientras hacían el reconocimiento lo esposaron y requisaron con las manos recostadas contra el Swift, pero los agentes aún dudaban de su identidad. De repente, estando de espaldas, uno de los agentes le gritó:

—¡Vamos Jorge Eliécer!

Y él se dio vuelta, traicionado por el subconsciente.

A los agentes ya no les cupo ninguna duda y lo arrestaron. Era Jorge Eliécer Rodríguez Orejuela, el hermano menor de Gilberto y Miguel Rodríguez Orejuela, los jefes máximos del cartel de Cali.

Un poco más atrás, a bordo de un Toyota Land Cruiser, otro grupo del Comando detuvo a sus cuatro escoltas. Estos no opusieron resistencia.

La captura de Jorge Eliécer, alias "Cañengo" o "Chéchere", fue la primera que realizamos entre los cabecillas del cartel de Cali, y constituyó la motivación más grande para seguir con nuestra misión de desmantelar la organización. Lo elegimos a él porque sus niveles de seguridad eran muy inferiores a los de sus hermanos, y con su captura quisimos producir un impacto grande sin ir todavía a los más complicados. Cañengo era un objetivo mucho más factible, más viable en ese momento. Y eso produjo una desestabilización al interior de la familia Rodríguez Orejuela.

A Jorge Eliécer pudimos llegar gracias a un intenso trabajo de Inteligencia en el que los aparatos electrónicos de detección jugaron un papel primordial. Gracias a estas detecciones, y a que Cañengo era una persona bastante desorganizada, que violaba constantemente las medidas de seguridad establecidas por la cúpula del cartel, pudimos dar con él, ubicarlo en varias oportunidades, conocer su perfil psicológico y cada uno de sus movimientos. La búsqueda duró aproximadamente un mes, y en este tiempo nos dimos cuenta de quién era Jorge Eliécer.

Él siempre fue subestimado por sus hermanos. Tenía una vida que se movía entre dos mundos: de un lado el sofisticado del lujo y el derroche; y del otro el de un ser corriente que le gustaba desplazarse en taxi, entrar a las panaderías a conversar, quedarse en las tiendas tomando aguardiente pues, en general, era una persona relativamente pública en Cali. El tema del taxi era importante ya que buena parte de los taxistas de Cali conformaban redes de apoyo e información para los Rodríguez Orejuela. Ellos mismos les vendían los automóviles a costos bajos y había estaciones de gasolina en donde les cambiaban gratuitamente las llantas y les hacían arreglos de mecánica. Pero esta situación se volteó contra ellos, pues con el tiempo muchos taxistas de bien empezaron a señalar a la policía que el conductor de taxi que transportaba a Jorge Eliécer era fulano; que la compañía de él era esta, y de este modo, a partir de controles electrónicos supimos que había concertado esa cita con la pitonisa y que era un asiduo visitador de prostíbulos, cantinas y muladares.

Jorge Eliécer era una persona muy amable y expresiva, un típico caleño simpático y buena vida. Eso sí, impaciente y poco práctico. Sabíamos que uno de los rasgos predominantes de su carácter era la tendencia a la depresión, que sin duda lo empujó a las supersticiones, de ahí sus visitas a las brujas.

Por sus excentricidades y, casi diría, locuras de parrandero, era considerado la oveja negra de la familia.

A pesar de no ser uno de los miembros más importantes del cartel su captura fue un gran triunfo, pues quería decir que esa organización todopoderosa y gigantesca que era el cartel de Cali tenía sus rendijas, hendiduras por donde podíamos empezar a trabajar.

Ahora bien: aun siendo la oveja negra, Jorge Eliécer era un hombre muy poderoso. Su estructura financiera estaba diversificada en varias actividades que le permitían lavar el dinero que recibía a chorros por las actividades de narcotráfico. Junto a sus hermanos poseía una serie de laboratorios químico-farmacéuticos especializados en compra, venta, procesamiento, representación, importación y exportación de productos químicos. Contaba, también en asociación con sus hermanos, con una red de farmacias que tenían sucursales en todo el país, las famosas Drogas La Rebaja.

Al mismo tiempo disponía de compañías inmobiliarias y constructoras en Cali y Bogotá, porque a los narcotraficantes de Cali lo que más les gusta es el ladrillo. Les encanta poseer edificios, apartamentos, casas y fincas, y sobre todo les encanta construirlas, pues allí pueden dar rienda suelta a sus excentricidades, a sus gustos exagerados, al lujo más llamativo que se pueda imaginar. Si algo caracteriza a los narcotraficantes es el deseo de rodearse de oro, de vivir con la confirmación de su éxito delante de sus ojos, y con la sensación de estarlo disfrutando cada día, de inmediato, pues nunca se sabe cuándo van a ser capturados y, por lo tanto, cuándo va a terminar esa vida desmesurada.

Una de las características de sus viviendas fue la construcción de sofisticadas "caletas", escondrijos a donde iban a parar cuando llegábamos a arrestarlos. Pocas personas las conocían o sabían cómo funcionaban y dónde estaban ubicadas, pues eran vitales para la seguridad de los capos. Por eso aparecieron muertos varios de los constructores.

Chéchere también controlaba empresas de finanzas y de asesorías contables, y tenía inversiones en transportes aéreos, terrestres y náuticos, empresas de vigilancia y cadenas de almacenes. Su organización financiera estaba muy bien montada: sus propios laboratorios químicos abastecían las diferentes farmacias. Sus propiedades eran administradas por sus agencias inmobiliarias.

Con esta captura se le puso freno a una vida repleta de antecedentes judiciales. La primera orden de captura contra Jorge Eliécer Rodríguez fue por porte ilegal de armas, pero esta fue posteriormente suspendida por un juez de orden público de Cali. Luego recibió una segunda, también en Cali, por falsedad de documentos, tráfico de armas y de municiones de uso privativo de las Fuerzas Armadas. Esta orden de captura la emitió el Juzgado 1 de la dirección regional de Cali y entró en vigor el 17 de noviembre de 1989. Fue llamado a juicio mucho después, el 29 de junio de 1994, y el Tribunal Nacional confirmó la acusación proferida por un juez sin rostro dentro del mismo proceso. Tenía además otra orden de captura del 5 de mayo de 1993 dictada por el jefe de la Unidad de Jueces Regionales de Bogotá dentro de un proceso —el número 17141— por violación de la ley 30/86 de narcotráfico.

En cuanto al exterior, Jorge Eliécer Rodríguez Orejuela había sido acusado de narcotráfico, junto a otras 18 personas, en un juzgado de Manhattan, por el envío de 457 kilos de cocaína a Nueva York usando la ruta de Panamá.

Esta captura, como decía antes, fue sólo el inicio, pero para llegar hasta allí hubo que recorrer mucho camino, un camino que comenzó en 1994, cuando me nombraron director general de la Policía Nacional.

Entrada a la Policía

DE LA POLICÍA, en mi infancia, recuerdo a un agente de apellido González. Él no era de carrera sino de "dedo", como decimos nosotros, es decir que a lo mejor había sido reclutado a la fuerza o escogido entre varios al azar. El caso era que con él nos asustaban. Al frente de mi casa había un lote sin construir y nosotros, con los amigos, pasábamos ahí la tarde jugando hasta que mamá me gritaba desde la ventana.

—Éntrese o si no le llamo al agente González.

Entonces nos turnábamos para vigilar cuándo venía el agente. Era una forma de poner al policía como el "coco". Nosotros le teníamos miedo.

Otro antecedente, que motivo mi entrada a la Policía, fue que en Vélez, mi pueblo, había dos muchachos de apellido Tirado, Hugo y Jaime, que se habían ido para la Escuela de Policía en Bogotá. Ellos eran de la alta sociedad, y de vez en cuando regresaban a pasar vacaciones con su familia. En Vélez yo era un pelao común de estrato uno. Un día los vi uniformados, con sus botas altas, y sentí que la cosa me interesaba. Me quedé deslumbrado por la pinta que tenían. En verdad lo que más me animó fue el uniforme: las botas relucientes, la gorrita, el vestido. Pero yo no les pregunté nada a ellos sino que empecé a averiguar por otro lado hasta que me dijeron que estaban en la Policía, en la Escuela General Santander de Bogotá.

Entonces lo relacioné con un aviso que había en el pueblo,

en una de las calles que subían hacia el Concejo. El aviso decía: "Ingrese a la Escuela General Santander", y había un dibujo de un tipo con un casco pintado. Hay que imaginar los afiches del año 59, que no tenían la sofisticación de los de ahora.

Yo anoté los teléfonos y empecé a pensar en presentarme en Bogotá, con el problema de que en esa época la capital quedaba muy lejos. Pero se dio una situación favorable: un tío mío tenía un camión de distribución de cerveza Bavaria y entonces me propuso hacer el viaje con él. Claro, tocaba trabajar cargando y descargando, pues él me quería mucho pero no me iba a llevar de pasajero. Al llegar a Bogotá me alojé donde otro tío que vivía en el barrio Santander, en el sur de la ciudad, y fue ese tío quien me llevó a la Escuela el primer día. Allá preguntamos por el teniente Óscar Held y me le presenté.

En ese tiempo yo era un pelado mal vestido, peinado para adelante, un mocoso de 16 años, y entonces le pregunté al teniente Held qué se necesitaba para entrar a la Policía. Me dijo los requisitos y comencé a reunir los papeles hasta que planteé la cuestión en mi casa, ya de regreso a Vélez. Mi madre me colaboró sin vacilar. Incluso me dio una platica para hacer otra vez el viaje a Bogotá. Mi madre, que se llama Doña Lola, era modista —sigue siéndolo— y fue con un almacén de ropa que me sacó adelante. Todavía hoy tiene el almacén pues ella se ha pasado la vida detrás de la máquina de coser, aunque su almacén no ha progresado porque todo lo fía a los maestros, a la gente del campo y a sus amigos. Ella fue un gran apoyo para mi decisión de entrar a la Policía. Pero a última hora, cuando ya todo estaba listo para ir a la Escuela, se me presentó un problema de amígdalas. Entonces, con el mismo tío, empezamos a buscar un lugar donde pudieran operarme, y alguien nos dijo que fuéramos al hospital de la Samaritana, que era barato y bueno. Y allá llegué más asustado que un diablo. A mí me daban miedo las luces de Bogotá porque en Vélez no había iluminación por la noche. Todo eso de la ciudad era muy nuevo para mí. Entonces llegamos al hospital y nos atendieron, explicamos lo que pasaba y mi tío logró que me operaran. La operación me la hicieron gratis en una silla de dentistería.

En mi familia había sólo un antecedente en el servicio de la fuerza pública, que era un pariente que el año anterior se había ido para el ejército. Claro que él ya era bachiller y yo todavía no. Recuerdo que uno de los factores que me ayudó a decidir fue que yo ya había cursado el cuarto año de bachillerato y en la Escuela Militar era obligatorio entrar precisamente a cuarto. En la Policía, en cambio, se entraba a quinto. Como yo no quería perder ese año acabé de tomar la decisión hacia la Escuela de Policía.

Y así comencé mi carrera, a los 17 años. En la Escuela hice quinto y luego sexto, más otros dos años de instrucción, es decir en total cuatro años. Mi mamá, y en general mi familia, no sintieron miedo porque yo me fuera a la Policía. Al revés: se sintieron orgullosas porque en Santander entre más peligroso sea lo que uno va a hacer es mejor. Hay una anécdota cuando ya era teniente, tiempo después, durante un enfrentamiento con delincuentes en donde casi me matan. Me destruyeron la patrulla e incluso salió mi nombre en la prensa. Yo pensé que me iban a llamar para decirme "mijo, retírese de esa vaina", pero al contrario, me llamaron para felicitarme. Este es el comportamiento machista de mi región. Allá la gente está enseñada a estas cosas. Entre más guapo más lo quieren a uno.

Recuerdo que de pelaos la pilatuna más grande era agarrar el revólver de la abuela —mi abuela andaba con un revólver en la cartera— y llevarlo al colegio, escondido entre los cuadernos o debajo de una arepa grande que le echaban a uno en el maletín. Uno llevaba la pistola para mostrarla a los amigos de clase.

Yo tenía un profesor de apellidos Fino Fino, un tipo alto y muy obeso que era nada menos que de Jesús María, es decir paisano de Efraín González, el legendario bandolero. El tipo, cuando se sentaba a dar clase en tercero de primaria, sacaba el revólver, lo ponía encima de la mesa y empezaba a dar la lección. Pero lo increíble no era que lo sacara sino que a nosotros no nos importaba. Estábamos tan acostumbrados a las armas que ni nos dábamos cuenta. Al terminar su clase agarraba su "barriga" y se iba.

En la región la violencia política también tuvo su historia. De acuerdo con el tipo de gobierno la cosa iba bien o mal. Si era liberal los conservadores tenían que pagar escondedero, y cuando era conservador pues al revés. A mi papá, en esa época, le tocaba venir muy seguido a Bogotá para vender carne, pues santandereano que se respete tenía que tener su tienda. Por lo general en el barrio Sosiego o en la Fragua. Pero tuvimos suerte porque en todo ese período de violencia no murió ningún familiar. Claro, tengo imágenes de la violencia, eso sí, pero de otro tipo. A los 13 años, estando en un parque detrás de la escuela, vi a un hombre que subía corriendo hacia el hospital con un cuchillo clavado en la espalda en una riña. Le habían metido el cuchillo en un café, pero lo impresionante fue que ninguno de nosotros salió corriendo detrás del tipo. Era normal que la gente se peleara, que hubiera acuchillados en los bares y las calles. En nuestra casa, construida por mi abuelo con unos adobes grandotes, todavía hay huecos de disparos de la época de la violencia de los años 40. Allá nadie le corría a los tiros. En los paseos de finca, ya después de los tragos y del almuerzo, los grandes tenían la costumbre de hacer polígono. Todos sacaban su revólver y disparaban, y a los pelaos siempre nos dejaban hacer un tirito a una botella o a una caja de betún vacía.

Por eso la costumbre de las armas iba pasando de generación en generación. Había demasiadas historias con los revólveres. El "trinquete", que es el que se abre por la mitad. Ese era el que a la gente le gustaba. Todavía hoy, lo digo sinceramente, el mejor regalo que puedo hacerle a mi papá es una caja de munición. Yo no sé qué hace él con ella, pero le encanta. Seguramente hace polígono. En todo Santander se tenía la cultura del revólver. Hace poco mi mamá me dijo:

—Mijo, esta situación está muy fregada, ¿por qué no me regala una pistolita de esas nuevas para cargar en la cartera?

Nos costó mucho con Hilde, mi esposa, convencerla de que no era conveniente. Mi mamá tiene 76 años.

Recuerdo que a uno le contaban historias viejas de un tipo llamado Barreiro, una especie de Pancho Villa que andaba en caballo blanco, que tenía pacto con el diablo y que se tomaba la justicia en su mano. Era como el mito del Zorro. Y eso se lo oía uno contar a la abuela, a la mamá, a todo el mundo, y se hablaba de él con mucha admiración. Nosotros, los pelaos, jugábamos en la calle y todos queríamos ser Barreiros.

A esto se sumaba una influencia cultural que no es gratuita: la música de Alfredo Jiménez, de Pedro Infante, de Jorge Negrete y todos ellos, una música que exaltaba el valor del combate, las armas, las peleas de café y los duelos. La hombría era la capacidad de ser verraco a la hora de los puños, era el que no se le echaba atrás a la pelea, el que se jugaba la vida por orgullo. La gente tomaba aguardiente en las tiendas y oía esa música, y claro, cuando había problemas los resolvían por la fuerza. Nosotros de pelaos los mirábamos desde afuera pues no nos dejaban tomar trago ni fumar, ni siquiera entrar a las tiendas. Mirábamos hasta que salían a la calle a darse en la jeta, a veces a puño limpio y a veces con navaja. La razón de la pelea no importaba. Una vez que estaban afuera, frente a frente, lo que importaba era cuál caía. Recuerdo que casi siempre llamaban a las esposas de los que estaban peleando, y a veces venían también los hijos. Unos intervenían para separarlos, otros se sumaban a la trifulca. Ellas llegaban pero no se metían. Esperaban en silencio entre el corrillo, mordiéndose los dedos del miedo pero calladas, y cuando el hombre salía herido se lo llevaban llorando para el hospital. Al ganador lo metían preso un tiempo, pero luego salía y la gente lo miraba con respeto.

Era la cultura del machote mexicano, y lo mismo pasaba con el cine. Recuerdo que las películas que veíamos eran las que llevaba Bavaria. Los fines de semana venía un carrito Chevrolet modelo 48 con el anuncio de "Bavaria invita", y la película que fuera, de Pedro Infante o de Armendáriz, la proyectaban sobre la pared de la Alcaldía. Entonces nosotros, los "caguetas", nos subíamos a los palos de la plaza y mirábamos desde ahí. Me acuerdo del ruido de la cinta nueve milímetros cuando se reventaba. Todo el mundo empezaba a chiflar y a protestar.

A mí me quedaron esas películas en el subconsciente: las de Pedro Infante, las de Cantinflas y Sara García, que eran como nuestra educación sentimental y en las que se confirmaban todos esos valores. En esa época había muy pocas di-

versiones, y como no había luz a las seis de la tarde ya estaba
uno durmiendo. Más grandes, cuando ya estábamos en el
colegio, había que hacer lámparas de ACPM. Estudiábamos
toda la noche y al otro día a uno le amanecía la garganta re-
seca por el humo. Y es que allá sí tocaba estudiar. No era
mamadera de gallo. Vélez, en esa época, era un pueblito muy
pequeño. Pero la ventaja que nos permitió progresar fue que
había un colegio universitario con mucha tradición que había sido fundado por el general Santander.

No hay que olvidar que Vélez es muy antigua y por eso
tiene una larga cultura de la educación. En el colegio las
materias más difíciles para mí siempre fueron las mate-
máticas, pero a pesar de eso nunca les tuve bronca. Todo lo
contrario. Sacaba notas bajitas pero por eso yo les metía el
hombro con más fuerza. Dependía también de los profesores.
Trigonometría, en cambio, sí me gustaba y sacaba buenas
notas porque el profesor era bueno, explicaba bien. Me gustaba la Historia, la cultura griega, la Roma antigua, Egipto,
y de esa época me quedó el gusto por visitar en los viajes cosas
como el Coliseo, las pirámides, los lugares históricos. Esos
profesores del colegio universitario, que eran casi todos muy
buenos, me dejaron esa inquietud. Esas épocas eran domi-
nadas por los curas. Yo me llamo ROSSO de nombre porque
el cura párroco del pueblo agarraba el almanaque Brístol y
lo bautizaba a uno con el nombre del santo del día de naci-

miento. Yo nací el día de Santa Rosa de Lima. Gracias a eso me salvé de ser Nicasio o Plutarco.

A los 17 años, como decía, me fui de Vélez para Bogotá, y al llegar a la capital me pegué una aburrida la macha. Me mataba el frío, la bañada temprano con agua helada, los ventarrones que bajaban del cerro. Era un mundo totalmente distinto al de Vélez, donde me había criado. Recuerdo que los brigadieres teníamos que bañarnos a las cuatro de la mañana, y a las cinco los cadetes. En esa época yo tenía un comandante, el mayor Humberto Aparicio. El tipo nos hacía afeitar para que nos saliera barba más rápido diciendo que uno con barba era más macho. También nos hacía afeitar el pecho. Los pelos en el cuerpo eran una señal de hombría. Nos hacía comer tierra para evitar el dolor de estómago.

La formación era tan dura y hacía tanto frío que en un momento tuve la intención de salirme de la Policía. Yo no iba a decir la verdadera razón, claro, entonces me busqué la disculpa de que tenía un problema de amígdalas mal operadas, las famosas amígdalas de mi llegada. Pero mi pariente, que había sido oficial de la Policía en los años 40, iba a la Escuela cada ocho días a darme ánimo.

—Pero qué se va a retirar si usté es santadereano y verraco —me decía—. Aguante ocho días más.

Y así me fui quedando. En las primeras salidas empecé a conocer Bogotá, que hasta ese momento me parecía una ciudad monstruosa, oscura, fría, con esa lloviznita que se le metía a uno por todas partes. El día de franquicia el programa era caminar por la carrera Séptima desde la Plaza de Bolívar hasta la Veintiséis. En el parque Santander nos hacíamos retratar con fotos instantáneas que luego mandábamos a la familia, mirábamos a las muchachas y después nos metíamos a tomar café con leche a alguna tienda, o nos íbamos a ver cine al Teatro Olimpia. Después nos metíamos a unos cafés que había por el centro, La Carrera o La Cabaña, a tomarnos tres o cuatro aguardientes, y no más. Ese era todo el programa cuando lográbamos salir. Uno tenía que ganarse la franquicia trabajando duro en la Escuela, y era muy difícil. Además cuando yo entré existía la costumbre de que sólo se podía salir después de la jura de bandera. Es decir que yo entré el 14 de febrero y volví a salir a la calle el 16 de mayo, que era el día de la Escuela. Era una vida muy dura, muy militar. Las salidas de la Escuela las hacía en compañía de mis amigos Hernán Bustamante y Óscar Peláez.

La adquisición del mando es un proceso lento en el que tiene mucho que ver la persona que lo está formando a uno. Es clave que le toque un buen orientador, un buen comandante. A mí por fortuna me tocaron muy buenos, y además tuve otra suerte que fue la de casarme joven y con una mujer muy disciplinada, eso me ayudó muchísimo pues ella es alemana –Hilde– y los alemanes sí saben cómo es eso de la disciplina. Por eso mi mujer, al principio, era más importante que yo en la casa. Cuando era capitán a mí me llamaban "el esposo de Hilde". Nadie me decía capitán Serrano. Esa situación familiar me fue acercando mucho a los superiores, pues todos me veían como a un hijo. Yo de subteniente, casado a los 23 años, era una figura que caía bien y entonces la gente se volcaba a ayudarme.

Luego empecé a estudiar e hice mi carrera de Derecho. La imagen que tengo de mí en esa época es la de un joven muy inquieto de cara al aprendizaje. Presentaba iniciativas raras que no presentaba todo el mundo y hacía muchas preguntas. Por lo demás era una persona muy tranquila en lo académico, los superiores ejercieron una fuerte influencia porque con el ejemplo de sus vidas me obligaban a no embarrarla en el matrimonio. Eran como mis papás. En la Policía, en esa época, la vida privada y la profesional iban de la mano, y todavía es algo que se controla mucho. Ahí se sabe si uno le pegó a la mujer, si la regañó, si uno quiere a los hijos, si ellos lo quieren a uno. Si uno compra un auto le preguntan de dónde salió la plata. En fin, hay mucho control cercano por vivir en el mismo entorno, que son las casas fiscales. Si se hace una fiesta todos se enteran porque toca invitarlos. Es una vida muy controlada. Es un mecanismo disuasor de la corrupción, pues si alguien llega un día con un Mercedes Benz lo sabe todo el mundo. Hay un autocontrol institucional. Además uno siempre ha estado con alguien al lado desde la Escuela, pues en la Policía no se puede hacer nada solo.

Es una vida de mucha abnegación y de estrechas relaciones personales.

Mi primer trabajo fue prestar servicio en Bogotá, en el barrio Santander. Recuerdo que el cuartel era una casa muy fea. Y aquí hay una historia que me marcó, pues en un procedimiento de orden público hubo disparos y resulté matando a un tipo. Era un ladrón que se había robado unos discos y unas sábanas de un almacén, y que acabábamos de detener. El caso fue que lo montamos a la patrulla y nos fuimos, pero en una curva el detenido se nos voló del carro y salió corriendo. Yo le di los altos de rigor, luego disparé y el hombre murió. Para mí eso fue un trauma, algo que me impresionó mucho pues apenas llevaba tres meses de egresado de la Escuela. Todo el mundo me decía que me iban a meter a la cárcel, que me iban a matar. Al final se demostró que el homicidio no fue intencional pues se comprobó con testigos que yo había disparado cumpliendo con el reglamento. Salí libre y no tuve problemas. Además mis compañeros de la Escuela sabían que, a pesar de ser santandereano, no era buen tirador,

Pero aun sabiendo que había sido en el cumplimiento del deber a mí me afectó en lo personal, pues para un pelado de 21 años como yo esto significaba verse de pronto en estrados de tribunales, en consejo de guerra. Eso era algo para lo que no estaba preparado. Después vinieron las amenazas, dijeron que me iban a matar pues la mujer del tipo juró que vengaría al marido. Entonces me sacaron del barrio Santander para la Estación de las Aguas, en el Centro, un lugar que también era muy complejo.

Un año después me trasladaron a Cartagena. Para mí fue muy impactante pues yo no conocía el mar. Para mí el mar era como una piscina grande. En Cartagena me nombraron ayudante y al año conocí a Hilde, mi esposa. La conocí porque yo tenía un tío que era subteniente del Ejército que estaba en Barranquilla, y en una ocasión vino a visitarme. La hermana de Hilde era la novia de mi tío, y entonces vinieron los tres de paseo. Pasada esa primera visita, en la que estuvimos recorriendo Cartagena y bañándonos en el mar, mi tío, de puro chismoso, me dijo que Hilde se había quedado muy impresionada conmigo. Yo no sé ella qué me vio, pues ese día yo estaba en un guayabo el macho. Claro que a ella le dije que lo que pasaba era que también estaba muy impresionado.

Y así se empezó a armar el romance. Entonces comencé a ir a Barranquilla a visitarla, la conocí un poco más y nos enamoramos. Tiempo después yo tuve que regresar a Bogotá para hacer el curso de teniente, y antes de que me llegara el ascenso nos casamos en Barranquilla.

Fue un matrimonio muy modesto. Pasamos la luna de miel en Santa Marta con mi mamá. Sé que parecerá una corronchada invitar a la mamá a la luna de miel, pero decidí llevármela para que conociera el mar, que ella tampoco había visto nunca. Luego regresé a Bogotá a seguir prestando servicio. De capitán estuve en el Quindío, pues fui nombrado comandante en Calarcá. Después, de mayor, volví a Cartagena, y luego me salió un viaje a España. Enseguida hice el curso de teniente coronel y vuelta para el Quindío, otra vez de comandante. Las únicas dos veces que he estado fuera de Bogotá, sin contar el exterior, fue en las mismas unidades: en el Quindío estuve de capitán y de teniente coronel, y en Cartagena de subteniente y de mayor. En Bogotá pasé mucho tiempo en la Escuela General Santander y eso fue clave. Ahí empecé a formarme, a ver la vida diferente, a tener una relación muy fuerte con los subalternos. Eso me marcó, pues me permitió estar, además, muy cerca de mi hogar y de mis hijos, ya que vivíamos en la misma Escuela. Por fortuna estudié la carrera de Derecho en la Universidad La Gran Colombia y me gradué en diciembre de 1977. Ese contacto me sirvió para ver otro horizonte y humanizarme como policía. Yo estudié Derecho para ser un buen policía, no un buen abogado. Recuerdo entre otros excelentes profesores de la universidad y la Escuela General Santander a Antonio Cancino, Jaime Bernal Cuéllar, hoy procurador, César Hoyos, actual presidente del Consejo de Estado, y a Alfonso Reyes Echandía (q.e.p.d.), veinte años profesor de criminología en nuestra Alma Mater.

Una de las cosas que fue positiva para mí fue que de joven tuve poco contacto con lo que podríamos llamar "el medio dañado". El hecho de estar en una escuela es bueno porque ahí uno está protegido. También durante mi infancia las cosas eran por lo general muy correctas. La indignidad allá era si alguien se casaba a escondidas, o si vivía arrejuntado. Lo indigno se relacionaba más con una falta de hombría que con la delincuencia. El tipo que robaba gallinas en el pueblo era conocido por todo el mundo. Todos decían "cuidado que ese es", pero era uno solo, con lo cual el ambiente era muy sano.

Cuando yo era subteniente el delito más grave que debía combatir era el atraco a bancos. Había tipos famosos que nosotros ya conocíamos, como el "Chino" Osorio, el "Manteco" Garzón y el "Moto" Jaramillo. Me acuerdo de ellos porque en las comisarías estaban las fotos de recompensa. Era el año 65. Los malos eran los asaltantes de bancos. No había narcotráfico. Por eso digo que ese fue el flagelo que torció al país, y estamos pagando sus consecuencias.

El homicidio, por ejemplo, tenía mucha relación con que en el sur de la ciudad se tomaba chicha, y entonces eso enloquecía a la gente y se mataban a cuchillo o a golpes. No era con pistola o granada, como ahora. De los asaltantes se pasó al narcotráfico porque los esmeralderos, más que una verdadera delincuencia, eran una especie de machismo violento. Los esmeralderos de la 16 se identificaban más como tipos trabajadores que no se querían dejar robar, que no los engañaban y que ganaban plata para tomar trago, ser machos y

tener mujeres. Pero no había una confo[...]
como ahora. De vez en cuando había alg[...]
ganza, por no cumplir, pero eso estaba ap[...]
había organizaciones de secuestro, ni vic[...]
nocía la palabra "sicariato".

Yo me acuerdo que en ese tiempo uno se ponía bravo con
el asesino, y cuando se capturaba al homicida había la tendencia a darle una paliza, a golpearlo por lo que había hecho. Hay que decir que en ese tiempo se cometieron ciertas
arbitrariedades, abusos de poder. Yo recuerdo, por ejemplo,
con los horarios de los establecimientos públicos. Si el café
tenía que cerrar a la una de la mañana y no cerraba uno llegaba y volteaba la mesa con todas las cervezas y decía:

—¡Cuento hasta tres para que me desocupen este café,
carajo!

La gente salía asustadísima a la calle y los dueños le pedían a uno que no los denunciara. Era una etapa de fuerza,
de secuelas de la dictadura.

Aparición de las mafias

LA MAFIA DEL NARCOTRÁFICO se vino a sentir por etapas. La primera llegó con la marihuana en la Costa Atlántica, y esta se mantuvo a un nivel regional pues no alcanzó a tocar el interior del país. Se quedó en la Guajira, en el Cesar y en el Magdalena, pero uno sí empezaba a notarlo. Yo recuerdo en Cartagena, cuando estaba allí, que una vez el alcalde nos dijo:

—Aquí a mi ciudad no me entran guajiros.

Entonces llegaban a un retén y los hacíamos devolver arbitrariamente.

Los años 70 fueron los de la marihuana, pero ese negocio no llegó realmente a conformar una verdadera mafia, tal y como se entiende, pues ninguna de esas organizaciones llegó a desestabilizar al Estado. Claro que ejercieron la corrupción, pero a un nivel muy pequeño que no salía, digamos, de lo que era la cadena de producción y distribución: empleados de aduanas, autoridades municipales, retenes. En fin, algo muy circunscrito al entorno en el que trabajaban, jamás a nivel nacional. Esa incipiente mafia, si así podemos llamarla, aprovechó las infraestructuras del contrabando, que era algo tradicional en la región del Caribe colombiano. Pero no salió de ahí.

Nadie pensó en ese tiempo que las mafias se pudieran organizar tanto y llegar a convertirse en esos gigantes que fueron después. Y lo mismo pasó con la Policía. En esa época era una organización mucho más modesta y pequeña. El narcotráfico y la subversión fueron exigiendo un desarrollo integral de la Policía hasta ubicarla en lo que es hoy, sin duda una de las mejores del mundo. A veces algunos se quejan de que la Policía está muy armada, pero, ¿cómo más se puede combatir a la guerrilla o el narcotráfico?

En cuanto a la guerrilla pasaba lo mismo, pues en esos tiempos era algo más cuerpo a cuerpo. Recuerdo que estando de cadete los guerrilleros mataron en el Tolima a un capitán de apellido Villamizar y eso fue todo un acontecimiento, tanto que para el funeral nos llevaron a desfilar. Si ahora nos tocara desfilar por los muertos nos pasaríamos el tiempo desfilando. Se sabía de alguno que otro muerto de la guerrilla, pero era una guerrilla de revólver y palo. No lanzaban rockets, ni cilindros de gas como ahora.

Luego, ya en los 80 y con la cocaína, fue cuando comenzaron las verdaderas mafias. Estas se consolidaron muy rápido una vez que se hicieron con el control de las rutas de envío hacia Estados Unidos, un control que, por cierto, no podría haberse dado sin la enorme inmigración de colombianos que se fueron para allá a partir de finales de los años 60.

En Estados Unidos pasó con los colombianos lo mismo que había pasado con los italianos y los chinos. Antes de que las mafias se instalaran hubo grandes migraciones de nacionales que iban allá a rebuscarse la vida, y sin esta base previa ninguna de las mafias, ni la china, ni la italiana, ni la colombiana habría podido sobrevivir.

Y aquí hay una característica regional: el empuje y la laboriosidad paisa, en este caso dirigida por algunos hacia el mal. Eso fue lo que les permitió a los de Medellín hacerse con el control del negocio, en el cual se fue destacando la figura de Pablo Escobar. Hacia mediados de los 80 ya había por lo menos cien organizaciones de narcotráfico en esa región, con ganancias millonarias. Como eran grupos muy grandes empezaron a necesitar sus estructuras financieras de lavado, su protección legal a través de la intimidación o la corrupción, y por supuesto su defensa, con los mini ejércitos de sicarios. Todas estas estructuras los fueron consolidando como mafias internacionales, que también actuaban por fuera del país.

Los prototipos de esta mafia fueron Pablo Escobar y Gonzalo Rodríguez Gacha, ambos salidos de hogares humildes pero que venían de distintas regiones y estratos. Escobar era la clase baja de la ciudad y empezó su actividad delictiva robando autos, mientras que Rodríguez Gacha era más bien el campesino pobre que se inició como matarife. Por eso cuando empezaron a ser conocidos la gente los quería, por ese origen humilde. La gente sabía que eran asesinos pero veía en ellos el prototipo de un ascenso social, de alguien que sale de abajo a desafiar los poderes y a las clases ricas. Claro, ellos eran generosos con su pueblo y le regalaban el carrito, la casa, el estadio. Pero la gente los quería sobre todo porque se reconocían en sus orígenes humildes.

Pablo Escobar era una persona muy sagaz y cruel. Un tipo con una alta dosis de revanchismo social que quería cobrarle a la sociedad lo que no había tenido cuando era pobre. Él estaba convencido de que a través de la plata, viniera de donde viniera, podía obtener un gran estatus. Por eso cuando en la revista *Forbes* salió que él tenía 9.000 millones de dólares, pero que había otras personas más ricas, entonces quiso tener más. Escobar tuvo la fortuna de morir rico, eso fue todo. Pero dejó una gran estela de muerte y de odios.

Él y muchos de ellos mezclaron la delincuencia con las obras sociales, pues de ese modo ganaban la protección de la gente común. Escobar hizo 2000 casas y un montón de estadios. Regaló plata, igual que Rodríguez Gacha, para ayudar a la gente. Quería demostrar que el dinero era el que daba la posibilidad de gobernar, de representar a los demás, y de hecho él llegó a ser representante suplente a la Cámara. Esto lo hacía costara lo que costara. Si había que matar a alguien él lo hacía. Entre los muertos de Escobar hubo un gran amigo mío, un paisano: el general Valdemar Franklin, comandante de Antioquia. Otro gran policía por el cual pagó Pablo Escobar fue el coronel Ramírez Gómez, quien fue asesinado por destruirle el gran centro cocalero de Tranquilandia en la zona selvática del suroriente de Colombia cuando fue jefe de la Policía Antinarcóticos. Le dieron 40 balazos delante de su mujer y sus hijos cuando regresaba a Bogotá.

Recuerdo también, como si fuera ayer, el secuestro de

Andrés Pastrana, nuestro actual presidente, quien fue sacado de las garras de Pablo Escobar en una acción valerosa de varios policías. Gabo narra magistralmente este episodio en su libro *Noticia de un secuestro*. Cuando agarraron a Escobar en ese techo y le metieron bala yo estaba en Bogotá trabajando en antinarcóticos. Uno no debe alegrarse por la muerte de nadie, pero confieso que la noticia me dio una gran tranquilidad. No olvido que en un año él mató 500 policías por quienes pagaba 2000 ó 3000 dólares por cada uno, según el grado.

En el año 90 tuve una experiencia inolvidable sobre la crueldad de Pablo Escobar. Un policía muy joven fue torturado por él de la siguiente manera:

1. Le raparon la cabeza
2. Le hicieron heridas con una cuchilla sobre el cuero cabelludo
3. Sobre el pecho le marcaron una x con una navaja
4. Le atravesaron el pene con una puntilla.

Este policía se les escapó del baúl de un carro en una curva y no se dieron cuenta, llegó a una finca y ahí lo auxiliaron.

Cuando estuve de comandante en el departamento del Quindío, en 1984, el narcotraficante que estaba en su furor era Carlos Lehder, que era de esa región, y por eso yo fui uno de los primeros que lo tuvo que perseguir. Luego comencé en Antinarcóticos en el año 89, ya de coronel, y debo decir que a pesar de haber tenido algunas experiencias, el combate al narcotráfico era algo desconocido para mí. Y es que para atacarlo casi que hay que hacer curso. Para tener una dimensión real del problema el policía tiene que trabajar y entender mucho. Fue desde ahí que empecé a proyectarme como una persona que comprendía el problema del narcotráfico.

Carlos Lehder, quien alcanzó a convivir con la guerrilla cuando intensificábamos su persecución, llegó a tener un periódico propio, lo mismo que un partido político en el Quindío con el nombre de "Movimiento Latino". En Armenia y otros pueblos del Quindío tenía la costumbre de regalarle patines modernos a las niñas que él escogía. En el terremoto de Popayán viajó con sus lugartenientes para regalar dólares y mercados a los damnificados. La mayoría de los narcotraficantes de las décadas de los años 80 y 90 acudían a las excentricidades y al derroche de lujo en sus viviendas, vehículos y fincas. Lehder no se quedaba atrás, construyendo lugares para llevar a sus niñas. Para eso edificó en las afueras de Armenia un complejo residencial de lujo con todo y pesebreras que bautizó "La Posada Alemana". Entre otras cosas tenía un busto de John Lennon, y la discoteca completa de los Beatles. El padre de Lehder era oriundo de Alemania y murió avergonzado por la conducta de su hijo.

En antinarcóticos nos tocaba sobre todo golpear la estructura en su fase de producción, es decir lo que hoy hace eficazmente el coronel Leonardo Gallego. Entonces destruíamos laboratorios en la zona del Guaviare, en el Caquetá, en Putumayo y en el Amazonas. Lo mismo se hizo con las pistas clandestinas y con el control de los precursores químicos. Era a otro nivel que se golpeaba a las mafias, no desde antinarcóticos. Sin embargo yo seguía muy de cerca el proceso de Pablo Escobar, oía y comentaba, ayudaba con todo lo que podía. Por eso cuando llegué de director para luchar contra el cartel de Cali decidí separar la parte de Inteligencia de la parte operativa, lo que fue un éxito. La importancia de esa separación la aprendí en antinarcóticos, en experiencias tanto en Colombia como en otros países.

El primer jefe de Inteligencia, en esta nueva fase, fue el entonces coronel Jorge Linares, quien realizó una gran tarea en el proceso de materialización de este nuevo modelo. Hoy este esquema es dirigido y desarrollado eficazmente y con mucho profesionalismo por el coronel Óscar Naranjo Trujillo.

El cartel de Cali era diferente pues los Rodríguez Orejuela querían pasar inadvertidos. Ellos preferían actuar con sutileza y manejarlo todo con hilos invisibles que les permitieran penetrar a varios estamentos de la sociedad, pero sin aspirar a suplantarlos. Sobre todo después de ver el final violento que tuvieron Escobar y Rodríguez Gacha, que debió ser una lección para todos los capos mafiosos.

Pero ellos también mezclaron el revanchismo social con

la ayuda a los necesitados, por eso se dedicaron a abrir farmacias, porque consideraban que vendiendo droga barata podían ayudar al pueblo. Producían los medicamentos, muchos con licencia norteamericana y de otros países, y luego los distribuían a bajo precio. Santacruz Londoño creía que ayudaba a la sociedad construyendo edificios. Yo creo que a él también le gustaban más los ladrillos que la coca, pues le calculo unos mil apartamentos además de las excentricidades de construir réplicas de la Casa Blanca o el Club Colombia en Cali, luego de que no lo admitieron como socio. Pero en el fondo, a pesar de estas cosas, se trata de una gente de gran insensibilidad social pues nunca les importó el daño que le provocaba a los demás lo que a ellos les favorecía. Y además hay que decir algo: el cartel de Cali actuó con sutileza mientras no encontró mayor resistencia, pero en cuanto empezó a ver que se actuaba en su contra le declaró la guerra al Estado. No con bombas, pero sí a su manera. Desprestigiando, comprando voluntades, amenazando. Sus acciones violentas estuvieron más dirigidas hacia otros enemigos como el mismo cartel de Medellín, paramilitares del Magdalena Medio o los grupos guerrilleros, que en algún momento tocaron sus intereses.

Luego me tocó, por desgracia, ver el inicio del negocio de la amapola. Yo empecé a fumigarla en el 91 y entendí que quienes trajeron ese problema fueron los afganos y los paquistaníes. Ellos entraban con visa de turismo vía Perú,

Ecuador o Bolivia, y ya aquí se dedicaban a dar instrucciones para la siembra. Cuando estaba en antinarcóticos me reuní una vez con la cónsul colombiana en Ecuador, quien me contó que unos tipos afganos y paquistaníes habían pedido visa para entrar al país. Esos fueron los que le enseñaron al cartel de Cali, especialmente a José Santacruz, a sembrar la amapola. El escritor Larry Collins, uno de los grandes investigadores del tema, me visitó en 1998 y se mostró sorprendido porque él sabía que Santacruz trajo a los afganos y paquistaníes para impulsar la heroína en Colombia

Entonces las tres etapas se dieron en Colombia: marihuana primero, coca después y luego amapola. Ojalá no se encuentre que otra mata produce algún narcótico, pues entonces seguro que aquí la tendremos, y será la cuarta etapa del maldito narcotráfico.

Para fumigar cultivos ilícitos con el herbicida denominado glifosato se recorrió un camino de obstáculos que el gobierno del presidente César Gaviria superó a pesar de la resistencia de muchos sectores. El doctor Pardo Rueda, ministro de Defensa de ese entonces, intervino decididamente en el proceso de aprobación de la fumigación.

Es posible que en el próximo siglo se sustituya el glifosato por un hongo que destruya las hojas de coca y amapola, pero empezará la guerra entre las drogas naturales y las sintéticas. Aspiro a no estar en esa guerra.

Me preocupa que Colombia, tal como veo las cosas, va a

convertirse en país consumidor si no se desarrolla una estrategia integral para prevenir que eso suceda.

"El Ajedrecista"

FUE UNO DE LOS HOMBRES más poderosos, influyentes y ricos del país, pero cuando lo encontramos estaba escondido en una caleta, agachado, detrás de un armario. Y no opuso resistencia a pesar de tener tres pistolas.

—Soy un hombre de paz— dijo, y agregó—: General, yo soy Gilberto. Ustedes ganaron.

Luego salió con las manos en alto.

Los agentes especiales estaban tan emocionados que no lo podían creer; habíamos capturado a Gilberto Rodríguez Orejuela, y no sólo eso: lo habíamos capturado sin hacer un sólo disparo. Entonces realizamos el arresto, llamé al presidente Ernesto Samper para informarle y luego nos fuimos a la base de la Fuerza Aérea de Cali. Allá nos esperaba el avión de la Policía que lo debía trasladar a Bogotá. Recuerdo que antes de subir Gilberto me dijo que necesitaba orinar, y como estaba esposado lo acompañé hasta un arbusto, al lado de la pista. Cuando estaba aliviando la vejiga pasaron varios cadetes y me saludaron. Yo les hice señas para que se acercaran.

—Miren, ¿sí conocían a Gilberto Rodríguez? —les dije—. Salúdenlo.

Los jóvenes casi se caen de la sorpresa. Luego, en el avión, le pregunté a Gilberto:

—¿Por qué me corrompió a tanta gente?

—Yo a eso no lo llamo corromper. Hacer amigos no es corromper, general —me respondió—. Para mí es hacer amigos, y la amistad es lo mejor que hay, ¿no cree, general?

No paraba de mirarlo pues no me parecía posible que él, el jefe máximo del cartel de Cali, fuera un tipo tan sencillo, una persona cualquiera, como yo mismo. Lo miraba y no reconocía a ese hombre tan agrandado por el mito, ese intocable al que llevaba varios meses enfrentando. Llegué incluso a pensar que podía ser un falso Gilberto, y me estremecí ante la vergüenza que pasaría si más tarde, a la hora de la identificación, llegaba a resultar un doble.

Continuamos hablando en el viaje a Bogotá. Yo le dije que el narcotráfico era el peor delito, y Gilberto me respondió que para él era sólo un negocio. Fue un momento muy tenso. Durante el vuelo el jefe de Seguridad, un capitán que estaba más nervioso que yo, sintió ganas de orinar. Pero el avión no tenía baño y tocó acudir a una bolsa plástica para hacer las respectivas necesidades.

Iba yo tan inquieto que cometí una imprudencia. Le dije:

—Gilberto, cuénteme dónde está su hermano Miguel. Ayúdeme a localizarlo.

Él no respondió y me hizo una mirada bastante elocuente. Entendí lo que me quería decir y sentí hasta vergüenza por la pregunta.

Me dijo que su seguridad le había informado de movimientos raros y que se estaba alistando para salir. Al parecer habían detectado una de las vigilancias cubierta en ese momento por mujeres policías.

Llegar hasta él fue el producto de un intenso trabajo de

seguimientos e innumerables vigilancias. Lo primero que hicimos fue ubicar al Flaco, William González Peñuela, su contador y secretario privado, a quien llegamos por detección electrónica e informes confidenciales suministrados por amigos cercanos, lo que permitió que le montáramos un operativo de seguimiento que nos tomó más o menos dos semanas. Durante este tiempo logramos establecer algunos de sus itinerarios por la ciudad de Cali, pues sabíamos que él podría llevarnos al escondite de Gilberto. Pero no fue fácil. En primer lugar porque Gilberto era una persona muy disciplinada con las medidas de seguridad, que había impuesto y exigido a sus colaboradores más cercanos. Todos sus hombres y él mismo eran expertos en contravigilancia.

De ahí que este personaje, el Flaco, se tomara dos y hasta tres horas para hacer cualquier desplazamiento, por corto que fuera. Salía de su casa y se trasladaba a otra al sur de la ciudad; luego se hacía llevar por un chofer hasta Unicentro; luego tomaba un bus y se bajaba cinco cuadras más lejos, realizaba varias diligencias menores, compras varias y esas cosas, hasta que llegaba a otra casa en la que tenía la oficina. Luego volvía a salir y reiniciaba estos extensos recorridos, pasando de edificio a edificio, de propiedad en propiedad, con la idea de evadir nuestros seguimientos.

Los recorridos del Flaco nos fueron delimitando las áreas por las que se movía, lo que permitía ir haciendo un seguimiento escalonado de sus movimientos, al tiempo que se vigilaban las zonas visitadas. Una de esas zonas era el barrio Santa Mónica, cerca de los cerros de Cali. Allí, por ser una zona de difícil control ya que se trata de una calle cerrada que acaba en el monte, la vigilancia se hacía con dos muchachas en sudadera que hacían deporte, que trotaban por el área a la espera de algún dato. Esas muchachas iban todos los días, e incluso acabaron haciendo amistad con algunos residentes del sector. Repito que era un lugar muy difícil. Era imposible, por ejemplo, parquear un auto sin que fuera detectado de inmediato, pues además de ser un lugar cerrado era alto, con buena vista.

Del otro lado de la calle, bajando el cerro, hay un baldío que es la central de aguas de Chipichape, y luego un lote inmenso en donde están las bodegas y las oficinas de una editorial, encuadrado por la avenida 6A y la calle 35N, siendo esta última, en la dirección al cerro, una calle cerrada.

El día de la captura yo estaba en Cali asistiendo al entierro y honras fúnebres del jefe de Inteligencia de la Policía de Buga, el sargento Óscar Mario Muñoz Cruz, y al terminar la ceremonia me fui para las instalaciones del Bloque de Búsqueda pues sabía que para esa tarde se podían esperar resultados. Era el 9 de junio de 1995.

En los seguimientos al Flaco habíamos constatado que en repetidas ocasiones llegaba hasta el final de la calle 35N y ahí se nos desaparecía. Una cosa muy rara. Por esa razón estuvimos a punto de allanar los edificios de la editorial, ya que esa era la única construcción que había en toda la cuadra antes de llegar al cerro. Menos mal que no lo hicimos, pues además de la vergüenza me habría quedado sin editor.

Pero ese día los hombres y mujeres lo siguieron hasta la avenida 6A, de nuevo frente a la editorial.

El Flaco caminó hasta la esquina, fue hasta el final de la calle 35N y desapareció. Era difícil seguirlo por esa calle pues es muy poco transitada, pero entonces descubrimos que al final, casi pegado al muro que protege las instalaciones de la editorial, había una escalera que subía por el cerro bordeando las mallas de alambre de la central de Chipichape.

La escalera subía directamente hasta la carrera 9A, en el barrio Santa Mónica, que también era una calle cerrada. La misma que ya estábamos vigilando con las jóvenes que trotaban. Al darnos cuenta de que el Flaco había subido por esa escalera alertamos a las deportistas del grupo de Inteligencia, pero cuando estas llegaron el Flaco ya no estaba por ningún lado. Había entrado a alguna de las casas y no sabíamos a cuál. Y ahí fue que vino a ayudarnos la suerte, o mejor dicho, se nos apareció la Virgen, pues dio la casualidad de que una de las jóvenes en sudadera —Tatiana—, había participado en un seguimiento preliminar del Flaco ese mismo día, y al pasar muy cerca de él, en un bus, le había sentido el perfume. Cuando Tatiana pasó trotando frente al número 28-18 de la calle reconoció en el aire el olor del mismo perfume, y eso le indicó que había entrado a esa casa, una construcción que daba por los dos lados a la misma calle, que hacía una herradura.

Por el lado de la entrada sólo tenía un piso y toda la fachada estaba ocupada por un garaje doble de madera y por la puerta de acceso. Del otro lado tenía dos pisos, daba a un jardín y este, a una altura de varios metros, formaba un balcón contra la calle desde el que se veía la ciudad.

Carlos, el incansable líder de la operación, me llamó a decirme que habían localizado la casa y salí para allá. Para evitar cualquier filtración, es decir para despistar a los informantes del cartel al interior de nuestro cuerpo, y a los que estaban al frente de las instalaciones del Bloque de Búsqueda con la excusa de ser periodistas, yo anuncié que salía para la base aérea con una escolta grande e inventé una amenaza de atentado. También hice salir a varios agentes de confianza, en pequeños grupos y con diferentes coartadas —si así las podemos llamar—. Entonces nos dimos cita en una estación de gasolina de la avenida 6a. Mi acompañante en ese recorrido fue el habilidoso oficial de Inteligencia Niko.

De este modo pudimos salir del Bloque sin alertar al cartel de que se preparaba una operación contra ellos. Entonces repartí a los agentes por los diferentes accesos: unos por la escalera que subía desde la calle 35N, al lado de la editorial; otros por la carrera 9a, que fueron tomando las casas en sentido progresivo, hasta que entramos a la dirección señalada con el número 28-18. Toda la operación, en ese momento, dependió del buen olfato de una de nuestras agentes, pues de no haber acertado la casa, Gilberto se habría trasladado a otro lugar y eso nos habría obligado a empezar desde cero. Pero afortunadamente el olfato de la agente Tatiana era bueno y al entrar a la residencia encontramos al secretario de Gilberto y a Aura Rocío Restrepo, su amante oficial. Es irónico: el mayor vendedor de cocaína en Colombia cayó por una buena nariz.

Al entrar supimos con certeza que allí se encontraba y empezamos la revisión sistemática del lugar, pues ya teníamos experiencia en caletas y sabíamos que no era fácil localizarlas. Después de una búsqueda milimétrica, en la que encontramos numerosos documentos, llegamos al cuarto de la televisión, en donde había una biblioteca. En ese lugar encontramos una taza de café sin terminar, que todavía estaba caliente, y al lado de los estantes, en el piso, fragmentos de vidrio. Como de un vaso que se hubiera roto al caer. Sobre ese indicio establecimos que el vaso se había caído al mover la biblioteca. Y así fue. Luego se encontró el mecanismo que apartó el estante. Y entonces lo vimos.

Gilberto Rodríguez Orejuela, el hombre más buscado del país, estaba sentado en un taburete pequeño. Tenía una camisa blanca, un pantalón de dril y unos mocasines oscuros. Su rostro no había cambiado y el reconocimiento fue inmediato. Tenía una barbita de candado alrededor del mentón, el pelo corto teñido de negro y una expresión de sorpresa y gravedad que me llevó a pensar que las precauciones tomadas habían valido la pena: él no se lo esperaba. Tenía en ese momento 56 años.

Al salir de la caleta y saber que nos lo llevábamos para Bogotá, Gilberto pidió permiso para elegir una chaqueta.

—Bien pueda —le dije— y escoja una bien abrigada porque en Bogotá está lloviznando.

Aura Rocío le trajo una chaqueta oscura de cremallera, lo esposamos y salimos para la base aérea.

Durante el trayecto por Cali, Gilberto no habló mucho. Estaba muy contrariado. Constantemente se limpiaba el sudor de la frente. Parecía no creer lo que le estaba pasando.

Llegamos a Bogotá ya por la noche y entramos con él a uno de los salones de la Dirección General. Era la hora de los noticieros donde se divulgaba la primicia:

—¡Esperen más información sobre la captura de Gilberto Rodríguez Orejuela! —decían los presentadores.

"El Ajedrecista" miraba la pantalla con ojos nerviosos. Luego hicimos el reconocimiento digital y yo di un respiro: sí era él. Entonces lo preparamos para la presentación a la prensa.

Gilberto fue víctima de su propio invento y esto fue una ventaja comparativa con respecto a la persecución a Pablo Escobar, pues los Rodríguez siempre se movieron a partir de la corrupción. Cuando apareció el tema de la recompensa, ellos nunca imaginaron que alguien pudiera acercarse a la autoridad para ofrecer información que los delatara, pues estaban actuando sobre la premisa de Pablo Escobar, que nunca fue delatado por sus colaboradores.

Ellos se sentían dueños de Cali. Pero se equivocaron porque cuando aparecieron las recompensas mucha gente que había sido educada por ellos en la cultura de la corrupción empezó a cambiar de lealtad, y entonces comenzaron a suministrarnos información. Bien por vía de terceros, es decir de forma anónima, o bien de modo directo. Con datos parciales pero significativos. Sobre esta información, sobre la información por detección electrónica y sobre las operaciones de infiltración del grupo de Inteligencia de los llamados "yuppies", construimos unas matrices de localización. Una matriz con dos temas: tiempo y espacio. Ahí se organizaba toda la información y entonces se comenzaron a encontrar los puntos convergentes. La llamada anónima que lo vio en tal apartamento; una fuente que lo vio en tal barrio cerca de ese apartamento; una carta que decía que estaba en tal zona, y así se fueron estrechando los controles hasta establecer quién era su estafeta.

Hay que decir que hubo un cambio sustancial con respecto a los trabajos anteriores de seguimiento. Tradicionalmente los delincuentes en Colombia tendían a subestimar la capacidad de la Inteligencia de la Policía y para ellos era imposible imaginar que tuviéramos mujeres bien vestidas en las calles, moviéndose en Mercedes Benz, alquilando apartamentos caros en Cali y esas cosas. Reconozco que los hombres y mujeres que escogí para esta misión son incomparables y es por ellos que esta aventura parece más un asunto de ficción.

Los narcos nunca imaginaron que la capacidad nuestra llegara a tanto. Ellos estaban acostumbrados al policía de esquina, armado con un bolillo. Pero esta acción fue una de las más completas en el ejercicio de la vigilancia encubierta que se han hecho en este país.

El papel de la prensa también fue fundamental, sobre todo para divulgar las ofertas de recompensa y para hacer eco de los trabajos realizados. Desde Bogotá empezamos a trasladar reporteros de muchos medios para que cubrieran los operativos que de forma exitosa empezaban a arrojar resultados. El jefe de prensa de la Policía, Carlos Perdomo, vivía pendiente para divulgar de forma oportuna la estrategia de información frente a los medios de comunicación.

El Ajedrecista había nacido en Mariquita, departamento del Tolima, el 31 de enero de 1939. Su profesión declarada era la de comerciante y había realizado estudios de administración de empresas. En el momento del arresto pesaba 75 kilos, que para una altura de 1.70 metros no era mucho; no estaba muy gordo, algo normal en los narcotraficantes pues la clandestinidad los obliga a una vida no muy sedentaria.

Además de su nombre, Gilberto tenía una variedad de alias. El más conocido, claro, era "el Ajedrecista", pero también "don Chemas", "el Maestro", "el Chamizo", "el Enano", y varios pseudónimos como Fernández Gutiérrez Cancino, Roberto Antonio Matarraz, Roberto Carvajal y Gilberto González Linares. Su cédula de ciudadanía tenía el número 6,067.015 de Cali, y en la caleta se le encontraron varios pasaportes: tres de Colombia, uno de Venezuela y uno de Argentina.

Además de ser el jefe máximo del cartel de Cali, Gilberto era la cabeza de una extensa familia. Con su primera mujer, Mariela Mondragón Ávila, tuvo cuatro hijos. Con su segunda, Gladys Míriam Ramírez Libreros, otros dos. Y finalmente, con su amante oficial, Aura Rocío Restrepo, un hijo. En total siete hijos.

En cuanto a su carácter, a lo que podríamos llamar un perfil psicológico, habíamos llegado a saber mucho de él. Por informes y versiones establecimos que se trataba de un hombre afable, tranquilo, colaborador y educado. Una persona sumamente sociable y generosa con sus amigos. Práctico, realista, muy independiente, con gran sentido de la responsabilidad y con un gran escepticismo frente a las cosas. Con quienes lo molestaban tendía a ser duro y en ocasiones cínico, aunque su carácter predominante fuera la calma, la astucia y la cautela. Por todo ello fue, dentro de la organización, quien infundió más respeto. Por esto y por tener un alto nivel intelectual.

En cuanto a otras características sabíamos que Gilberto se dejaba a veces crecer la barba y el bigote, y también el pelo, y que en ocasiones se lo teñía de color negro para disimular su identidad. No era un hombre ostentoso pues le gustaba moverse en vehículos que no llamaran la atención. Usaba ropa bastante informal y no se rodeaba de muchos escoltas. Su única debilidad en la ostentación era el gusto por las fiestas grandes, sobre todo con artistas y personas de prestigio. Su salud, en términos generales, era buena, a pesar de tener antecedentes psiquiátricos de crisis depresivas y estados de ansiedad. Por ello hacía uso de ansiolóticos como el Tryptanol. Tenía hipertensión arterial producto del estrés y sólo en contadas ocasiones consumía alcohol.

En el capítulo de las relaciones, digamos de las "relaciones públicas", Gilberto Rodríguez era muy fuerte. Desde sus inicios en la actividad mafiosa fue estableciendo "amistades" entre los medios políticos que le permitieron estar protegido durante mucho tiempo, infiltrando con su dinero los estamentos gubernamentales. También eran conocidas sus relaciones con el mundo del fútbol, tanto con técnicos como con futbolistas, así como con otras profesiones como abogados, financieros y gerentes de empresas. La mayor parte del blanqueo del dinero proveniente de las operaciones de narcotráfico se hacía a través de las Drogas La Rebaja y de los laboratorios químicos que las abastecían, y en esto Gilberto demostró ser un hombre fiel a su pasado, ya que en la juventud él y su hermano Miguel habían trabajado como mensajeros en una farmacia.

Esta fue la persona que encontramos en la casa del barrio Santa Mónica de Cali.

Una casa que, por lo demás, estaba repleta de objetos curiosos. Pasado el garaje, en donde encontramos un jeep Mitsubishi y un Renault 9 de color azul, se llegaba a un recibidor con una elegante consola, espejo de pared y múltiples adornos. De ahí salían unas gradas que bajaban a un nivel en donde estaba el salón comedor. En las habitaciones de servicio encontramos una planta eléctrica.

En el nivel de la entrada, hacia la derecha, había una oficina acondicionada con telefax, fotocopiadora, betamax, televisión, aire acondicionado, varias máquinas de escribir, computador y grabadoras de mesa. Sobre los estantes de la biblioteca encontramos una colección de carros en miniatura. Pasada la oficina estaba la habitación principal, muy grande y con ventana a la calle, la cual tenía un amplio baño con armarios, vestier y jacuzzi. Al fondo del corredor había una sala de estar. En ella lo primero que vimos, sobre una mesa, fue un inmenso tablero de ajedrez con fichas de marfil.

Había también algunos aparatos para hacer gimnasia, un televisor y un betamax con una caja de videos entre los que destacaba uno con el estuche de REINAS CROMOS 94, y una silla reclinomátic. Hasta ahí podía ser una casa normal, pero detrás, en otra oficina, empezamos a encontrar otras cosas.

En primer lugar, 91.880 dólares en efectivo, a lo que se sumaban otros 33'799.400 de pesos en billetes de diferentes denominaciones. En la oficina había cinco escaners, siete aparatos de radio para comunicaciones, 11 teléfonos celulares, 7 teléfonos fijos, dos radares, un visor nocturno, varios beepers y dos teléfonos svx para comunicación segura. Por lo que pude ver, a Gilberto le gustaban los relojes y las gafas. Tenía 17 relojes de diferentes marcas, sobre todo Cartier, Baume Mercier y Christian Dior. La mayoría con pulseras, tablero y agujas de oro, y con incrustaciones de brillantes. Lo mismo las gafas, con brillantes incrustados, y hasta un anillo con incrustaciones.

En fin, junto a esto había barbas y bigotes postizos, y las tres pistolas: una cz del 83 calibre 7.65, una FIE calibre 25 y una Browning calibre 7.65. Con ellas había 253 cartuchos calibre 7.65, doce cartuchos del calibre 25 y 115 calibre nueve milímetros.

El día de la captura en Cali una señora se bajó del auto en un semáforo y agarró a besos a un policía que estaba parado en una esquina. La señora venía oyendo las noticias por la radio y se emocionó al oír la nota de la captura. La gente ya estaba asqueada del excesivo protagonismo que estos hombres tenían, y a pesar del enorme poder que tuvieron hubo mucha gente que no se dejó untar, muchos sectores que fueron inmunes a la plata del narcotráfico.

La detención de Gilberto Rodríguez Orejuela se hizo en virtud de la orden de captura número sjc070, expedida el 19 de abril de 1995, por el delito de enriquecimiento ilícito dentro del proceso 24.249. Pero detrás de esta orden había un largo expediente que comenzaba en 1970 con más de 20 órdenes de captura por delitos como extorsión, secuestro y estafa, enriquecimiento ilícito y narcotráfico.

En varias ocasiones estas órdenes de captura fueron anuladas. El 19 de mayo de 1992, por ejemplo, el Juzgado 65 de Instrucción Criminal lo absolvió de las imputaciones anteriores por falta de pruebas y ordenó que se cancelaran todas las órdenes de captura que corrían en su contra hasta entonces. Antes, en 1987, había sido absuelto del delito de tráfico de estupefacientes por el juez 11 penal del circuito de Cali.

En cuanto al exterior, Gilberto Rodríguez Orejuela estaba acusado de violación del Código Penal de Estados Unidos en el título 21, sección 848, por haber participado en una empresa criminal continuada dentro de la cual ocupó la posición de organizador y director. Del mismo Código Penal, violación del título 21, sección 846 por distribución de cocaína. Se le acusó también de haber entrado a Estados Unidos con documentos falsos y por lavado de dólares.

De este modo tenía acusaciones en los estados de Luisiana, California, en el distrito de Nueva York, y dos en el distrito sur de Florida, todas por distribución, transporte, tenencia, posesión o venta de sustancias estupefacientes.

En cuanto a otros países, en Bruselas un juzgado adelantaba investigaciones en su contra señalándolo como el jefe máximo de las importaciones de droga a países como Bélgica, Holanda y Alemania.

Tras el proceso, Gilberto Rodríguez Orejuela fue condenado a una primera pena de 126 meses de prisión (diez años y seis meses) y a una multa de cerca de 8.000 millones de pesos.

Inicialmente fue condenado a 21 años de cárcel, pero el juez regional de Cali encargado del caso decidió rebajarle una parte de la pena por haber confesado algunos delitos, basándose en que las pruebas trasladadas desde Estados Unidos, por sí solas, "cuando más conducen a tener certeza de la existencia de los hechos punibles, no así de la responsabilidad de los procesados; por lo que se hace necesario reconocer que las confesiones mentadas constituyen la columna vertebral del fallo". Gilberto confesó haber expedido 68 embarques de cocaína y reconoció haber violado en 25 ocasiones las normas de enriquecimiento ilícito, falsedad y porte de armas.

Gilberto, por lo demás, se acogió a la figura de la sentencia anticipada, de modo que a los 21 años (252 meses) de pena inicial se le hicieron las siguientes rebajas: una sexta parte por confesión (42 meses), más una tercera parte (84 meses) por sentencia anticipada, lo que produjo una pena final de 126 meses. Esta pena tan bajita, igual que la que se le dio a Miguel, fue para mí un desconsuelo, y así lo expresé en su momento. Además se creó un nuevo malestar en las relaciones con Estados Unidos, y Thomas Constantine, director de la DEA, terminó diciendo que lo que había en Colombia era una "parodia de justicia". Lo que nadie pudo explicar, y mucho menos el juez sin rostro, fue por qué partió de la base de 21 años y no de 24, que es lo que tiene previsto el Código Penal para estos delitos. Sabemos que los abogados que reciben millonarias fortunas juegan un papel importante.

Como caso curioso puedo contar que cuatro años después fui a visitar la casa donde se capturó al Ajedrecista para realizar el programa *60 minutos*, de la CBS de Estados Unidos, y la casa estaba intacta, tal como la dejamos ese día. Pensé y me convencí de que a los Rodríguez, aun estando en la cárcel, todavía se les temía y respetaba, pues nadie se atrevió a robarle nada, ni siquiera el ajedrez que estaba a la entrada de la caleta. Cuando lo arrestamos había una papa en un plato, y aún estaba ahí. Bueno, lo que quedaba de la papita. Descubrimos también que los grifos del baño principal eran de oro. En medio de las capas de polvo y telarañas lo único que brillaba era los grifos de la ducha y el lavamanos.

Quien estuvo conmigo en la casa fue Dan Rather, el mejor periodista de los Estados Unidos, quien durante dos días repaso conmigo la estrategia para desmantelar el cartel. El periodista quedó muy impresionado, pues además de las cosas que vio pudo hablar con mi equipo de persecución, al cual reuní después de cuatro años. ¿Cómo me verían ellos a mí? A lo mejor como a un abuelo.

Hacia la Dirección de la Policía

CUANDO SE INICIÓ el gobierno del presidente Ernesto Samper, el 7 de agosto de 1994, yo estaba muy por debajo de otros posibles candidatos para el cargo por razones de antigüedad. Debía estar de sexto o incluso de séptimo, de acuerdo con el desarrollo normal de una carrera dentro de la Policía, por eso sólo aspiraba a ascender pero nunca a la Dirección.

La crisis política del gobierno Samper, recién inaugurado, se fue intensificando, lo mismo que las críticas por el accionar policial, los niveles de corrupción y la falta de credibilidad de las autoridades. Entonces un día el general Octavio Vargas, director de la Policía, me llamó a su despacho y me dijo que había hablado con el ministro de Defensa, Fernando Botero Zea, y que lamentablemente el gobierno no había aceptado que yo fuera subdirector de la Policía.

Estábamos en la oficina con el coronel Óscar Naranjo y le contesté al general Vargas que muy bien, pero le dije que no pensaba seguir en mi puesto anterior, que era la Dirección Operativa. Le aclaré que aceptaba a quien nombraran como subdirector, y le dije que contara con mi retiro. El general Vargas se puso muy nervioso y me dijo que buscáramos otra opción. En un instante le dije:

—Mándeme de reemplazo del que viene de subdirector —le dije; era una persona que estaba en Washington de agregado de la Policía.

El general Vargas me pidió un momento pues debía consultarlo con el ministro Botero.

En esa conversación Botero le preguntó si el irme yo a Washington implicaba una salida de la línea de mando, y mi general Vargas le dijo que no porque el que iba a ser sub-director era más antiguo. Entonces el gobierno aceptó mandarme para Washington, como una alternativa.

Hay un hecho que me causó una sensación de aprecio de parte del ministro Botero, y que tiene relación con dos o tres invitaciones que él me hizo para jugar tenis en el Club Militar. Para mí ese fue un buen mensaje con respecto a lo que podía ser mi futuro institucional, pues si él hubiera querido mi retiro no me habría dado esas señales de cercanía antes de irme para Washington. Por cierto que Botero tenía buen estilo de juego, mucho mejor que el mío.

Entonces me fui, pero estando allá empezó a generarse mucha presión para que se me nombrara director de la Policía pues al poco tiempo hubo una actitud positiva de parte del ministro Botero, quien acabó por proponerle al presidente Samper mi nombramiento.

Y así, a los 42 días de estar en Washington –yo iba por un año y medio– me llegó el anuncio. Desde Washington yo sabía todo lo que pasaba en Colombia, lo que se escribía en plena crisis, las posiciones periodísticas, políticas e intelectuales al respecto, y por eso sabía que el nombramiento estaba dentro de lo posible. Pero claro, sólo a nivel de conjetura. Quien me lo dijo de forma oficial fue el propio ministro Botero, y ese mismo día nombraron como comandante del

Ejército al general Harold Bedoya. Por pura coincidencia él también estaba en Washington y además vivíamos en el mismo edificio, a un piso de distancia. Ahora, ¿por qué me nombraron a mí? Eso habría que preguntárselo al presidente Samper, que fue quien lo autorizó. Yo hasta ese momento nunca había hablado con él y sólo lo había visto en una ocasión, con el general Vargas, a raíz de un rumor de atentado durante la campaña presidencial. Yo no era alguien conocido para él y él era quien tenía el poder y la decisión de nombrarme.

Al anterior director de la Policía, el general Vargas, sí lo conocía de tiempo atrás. Durante toda la carrera, desde que él era capitán en la Escuela de Policía, tuvimos una gran amistad. Luego, a lo largo de toda su vida profesional, siempre le guardé profunda admiración y respeto. Nunca pensé que lo fueran a relevar porque yo soy muy distante de él en términos de curso.

Además yo llegué a la dirección saltando desde brigadier general, algo que no es usual. Para mí ese fue un salto de garrocha.

Era natural que en una institución tan jerarquizada esa decisión trajera problemas, especialmente con los que tuvieron que salir y que legítimamente aspiraban a la Dirección.

Regresé de Washington a Bogotá después de una calurosa despedida hecha por varios amigos, entre los que estaban Thomas Constantine y algunos congresistas norteamericanos que me aprecian, y al llegar me di cuenta de la enorme tarea que tenía por delante pues la institución atravesaba una de sus peores crisis, con casos graves de corrupción y falta de credibilidad. Tanto que en las encuestas, entre todas las instituciones del Estado, la Policía ocupaba el último puesto al lado del Congreso de la República, que paradójicamente me ayudó a sacar adelante la reforma de la Policía.

Director de la Policía

A MI POSESIÓN ASISTIÓ el vicepresidente Humberto de la Calle, a quien yo sí conocía desde la época del presidente César Gaviria, cuando él fue magistrado de la Corte y yo dirigía la Policía Antinarcóticos. Recuerdo que fue una ceremonia muy tensa y por fortuna las palabras que yo dirigí gustaron. Hice un discurso con proyecciones a corto plazo, y por primera vez acepté que había corrupción en la Policía. Entonces anuncié que mi primera misión sería corregirla.

Mi nombramiento estaba ligado a la lucha contra el cartel de Cali y a la presión que estaba ejerciendo Estados Unidos para que lo desmanteláramos. Y confieso que a mí me quedaron dudas de si confiaban en que yo fuera capaz de cumplir con esa misión. Esa iba a ser para mí la prueba de fuego. Yo estaba muy nervioso al principio, aunque encontré mucha receptividad en el ministro Botero, que era mi interlocutor en el gobierno. Sólo después de las primeras capturas me fui acercando al presidente. Al principio todo era con Botero.

Entonces empezamos a diseñar el plan para combatir el cartel, un plan raro porque en las primeras reuniones asistían cerca de veinte personas y yo veía que así nada iba a funcionar. Por eso me fui aislando. Le expliqué a Botero que me dejara hacer mi grupo y que yo tomaba toda la responsabilidad, pues en las cuestiones de narcotráfico no se puede compartir ampliamente la información.

Y así trazamos unas estrategias basadas en varios puntos. El más importante fue establecer recompensas por los narcotraficantes, cosa muy difícil al principio pues no había mucha convicción ni decisión, y sobre todo porque el cartel presionaba para que no se hiciera.

Esto duró, con todos los problemas, hasta un almuerzo que hicimos con Alfonso Valdivieso, Adolfo Salamanca, Ramiro Bejarano, el general Camilo Zúñiga y el ministro Fernando Botero. Ahí les presenté el plan de combate y ellos lo aprobaron. Ese fue un golpe duro para el cartel. Recuerdo que por esos días logramos conocer una comunicación en la que Miguel Rodríguez Orejuela, a través de un abogado, daba instrucciones para anteponer un recurso en un juzgado, pues un juez civil estaba dispuesto a echar para atrás mediante tutela el anuncio de las recompensas por televisión. Nosotros logramos, por pura coincidencia, tener esa prueba. Se conoció el hecho y eso paró a los tipos. También pedimos control de armas en Cali, control de los autos blindados, de las comunicaciones y de los taxis que eran sus aliados, y entonces la cosa empezó a funcionar.

Comenzamos las operaciones y al mismo tiempo tomamos una medida radical para reformar la Policía que causó mucha susceptibilidad pero que fue aprobada por el Congreso, y que permitió aplicar la declaratoria de insubsistencia para cualquier miembro de la institución. Esta decisión fue respaldada por la Corte Constitucional y se constituyó en el pilar fundamental del plan de transformación de la Policía.

Con esto empezamos a luchar contra la corrupción interna, pues la única forma de atrapar a los del cartel era con una Policía transparente. Recuerdo que en Cali hicimos una batida con por lo menos 500 bajas en la institución, y ahí empezó a desestabilizarse el cartel. Había muchas quejas de corrupción. Inclusive se supo que el cartel le pagaba a los CAI sumas mensuales. Pero no para que le ayudaran a subir la coca ni nada, sino para ser amigos en caso de algún incidente. Entonces nuestra medida afectó mucho al cartel. También nombré como comandante de la Policía Metropolitana de Cali al coronel Argemiro Serna, quien ya había iniciado los allanamientos con el Bloque de Búsqueda. Con esas acciones empezamos a presionar, a cansarlos.

Cuando organizamos el Bloque de Búsqueda de la Policía en Cali a mucha gente le dio temor porque creía que podía volver la época de Pablo Escobar.

Yo constituí un grupo pequeño con mi gente de confianza, por esta razón, en muchas ocasiones, la policía regular no se daba cuenta de que estábamos en Cali. El Bloque de Búsqueda era el brazo para hacer allanamientos, el del choque, el de la pelea, pero los que más fueron penetrando y conociendo la organización fueron los del personal de Inteligencia. A mis oficiales de confianza les decía: "El peor enemigo del narcotráfico es un policía honesto".

Yo creo que el éxito fue ese: lograr hacer un grupo de alta credibilidad, de mucha transparencia y honestidad, dirigido exclusivamente por mí. Casi sin intermediarios. Yo le pedí al fiscal Valdivieso que asignara a esta misión fiscales que no fueran de esa jurisdicción y así lo hizo. Recuerdo a una fiscal santadereana que era muy enérgica, y fueron tantos los allanamientos que hizo que se nos enfermó. En un día se llegaron a hacer 30 allanamientos, con helicóptero incluido. Era una verdadera máquina de hacer allanamientos y presiones. Prácticamente no quedó lugar donde el Bloque no hubiera entrado. Esa presión del Bloque fue la que le sirvió a Inteligencia para ir recogiendo datos, teléfonos, cartas y caletas. Fue tanto el trabajo que varias veces allanamos a gente equivocada y a mí me tocó poner la cara para excusarme de los excesos, y fui perdonado. El coronel Misael Murcia fue el policía que más allanamientos hizo en Colombia.

Me contaba que en muchas oportunidades la esposa de Santacruz lo sorprendía diciéndole "siga coronel, lo estábamos esperando".

Alfonso Valdivieso fue un gran aliado como lo es hoy Alfonso Gómez Méndez.

La enorme presión nos permitió conocerlos, algo fundamental para poder combatirlos con eficacia. Nosotros sabíamos qué le gustaba a cada uno. Les gustaban los mariscos, el champagne fino, el whisky fino. Tenían problemas de tensión y usaban medicamentos como el Artensol. Miguel siempre tenía en la pieza una vela a la Virgen y utilizaba loción Cartier. Entonces empezamos a controlar los lugares en donde se vendían esos productos y las farmacias donde se conseguían las drogas. Esa tarea la hicieron con lujo de detalles Carlos, Niko, Juan Carlos, John Jairo, Jeniffer, Jimena, Mauricio, Tatiana, mis hombres de confianza que se hicieron famosos con el apodo de los "yuppies", y muchos otros, todos preparados en Estados Unidos.

Por el lado gringo recuerdo con aprecio a Jake, Paco Stephan, Rubén y Salame entre otros.

Casi que les teníamos un análisis de qué tipo de mujer le gustaba a cada cual, pues eran muy acuciosos en la selección de sus mujeres. A algunos les gustaban jóvenes, a otros maduras. Todos eran muy proclives a la infidelidad, una característica típica de los narcotraficantes, y por supuesto tenían tendencia a las reinas de belleza, a las modelos y a las mujeres especialmente atractivas. También nos dimos cuenta, en este proceso de acercamiento para conocerlos, que el único amigo que los narcotraficantes no abandonan nunca es el contador. Quien lleva las cuentas, quien toma nota de todo, está siempre a su lado. Y eso los mató. Le tuvieron tanta confianza a Guillermo Pallomari que los acabó. El Flaco fue quien nos llevó hasta donde estaba Gilberto. A Nelson Urrego lo encontramos con el contador en medio de una parranda, los dos con mujeres desnudas en la misma cama y botellas de coñac Remy Martin tiradas por toda la casa. Mejor dicho: el contador es para el narcotráficante la mujer más adorada. Esas son sus dos personas intocables. Luego, en rango de confianza, vienen los hombres de la protección, y sobre todo el conductor. Por lo general son personas muy leales, preparados para mentir de forma eficaz en caso de ser capturados.

Ellos tenían todo muy bien organizado para hacernos contrainteligencia dentro del Bloque. Le compraban celulares a los agentes nuestros que trabajaban para ellos, y estas personas, ante cualquier movimiento extraño, alertaban por esa vía a la seguridad de los Rodríguez. Esto se descubrió porque un día alguien vio a un agente con un celular. Se estudió la línea y se le descubrieron llamadas al cartel.

Por eso la elección de mis hombres de confianza fue tan importante. Era gente que yo conocía desde muchachos y que habían sido mis alumnos. Hijos de oficiales y de gente que se ganó el afecto y la confianza de la CIA, de la DEA y del FBI. Después del proceso de selección los preparamos en Estados Unidos. Ellos aceptaron la aplicación del polígrafo (detector de mentiras) para medir tres cosas: corrupción, derechos humanos y consumo de drogas. Estos tres puntos son fundamentales para medir un perfil que no puede ser penetrado y que no es proclive a dejarse comprar, que era el tipo de gente que queríamos. Porque si se comparan los dos carteles grandes, vemos que Pablo Escobar quiso imponer su ley con las bombas, la muerte, el secuestro y la tortura, pero los Rodríguez, Santacruz, Herrera preferían la técnica del billete por debajo de la mesa. Para ellos esto era lo más importante.

Los del cartel de Cali sabían que cualquier persona con

proyección en la vida política o institucional debía ser inclui-
da en la lista de posibles amigos, incluso invirtiendo a largo
plazo. Por eso fue vital todo lo que conocimos en torno al
Hotel Intercontinental de Cali. La gente que ellos alojaron
en ese hotel era agraciada: no pagaban la cuenta ni lo que se
tomaban en el bar, nada de nada. Yo supongo que muchos
dirían no, un momento, esto lo pago yo, y que los del cartel
no los dejaban, pues lo hacían para involucrarlos. Una de las
cosas que comprobamos en el cartel es que ellos escribían
absolutamente todo. Yo siempre creí que cuando uno invita
a alguien a comer uno no apunta cuánto le costó el almuerzo. Pues bien, yo tengo libretas en las que ellos señalaban
hasta el costo del parqueadero. Y esto lo hacían, como es lógico, para cobrarla después. De ahí los daños que le provo-
caron a gente buena, gente con mucha proyección, pero que
fueron penetrados por esa vía. Miguel metía todo en su computador, miles de datos que iba ordenando y archivando en
sus noches de insomnio.

Me acuerdo que en su libreta había un registro de órdenes y regalos: en Navidad una caja de whisky sello azul para
fulano de tal, una de sello negro para otro, escalonaba la
marca de acuerdo con la importancia de la gente.

"El Señor"

EL SÁBADO 15 DE JULIO de 1995, en las horas de la mañana, recibimos de un informante una comunicación según la cual Miguel Rodríguez Orejuela se encontraba en el apartamento 402 del edificio Colinas de Santa Rita, en el occidente de Cali.

—Allá está ahorita, vayan y lo verán —dijo el hombre por teléfono, y los de la CIA y la DEA confirmaron que era la voz de uno de sus mejores informantes.

De inmediato tomé el avión y volé a Cali con Óscar Naranjo, director de Inteligencia, 14 agentes especiales y cuatro hombres de la DEA y la CIA.

Al llegar al lugar algunos agentes ya habían iniciado la inspección del edificio, que era una construcción moderna en el barrio Santa Rita. Una zona de residencias para gente pudiente que, desde el punto de vista estratégico, estaba muy bien ubicada ya que era prácticamente imposible ponerle vigilancia sin que fuera detectada. Con un hombre a la entrada del edificio se podía controlar toda la calle, que era de subida, y las casas del frente eran residencias privadas. También tenía circuito cerrado de T.V.

Inspeccionamos todos los apartamentos hasta llegar al 402, un apartamento pequeño, de 70 metros de construcción en el que, según supimos después, había 25 líneas telefónicas. Yo llegué muy entusiasmado y empezamos a buscar. Sacamos la ropa, buscamos el nombre de los Rodríguez en libros o documentos, pero nada. Lo único que encontré fue un periódico de una de las farmacias La Rebaja, con lo que aumentaron las probabilidades de que en efecto se encontrara allí. En una mesa estaba el Artensol, las vitaminas, las gafas de marca, la loción Cartier en el baño, la Virgen con su veladora, en fin. Todo nos daba a entender que Miguel estaba ahí. Entonces medimos el apartamento para buscar vacíos, posibles caletas.

Yo me senté en el sofá y miré para todos los lados a ver qué hacía uno cuando entraba. Había una muchacha del servicio que era de Bolívar, Cauca, perfectamente instruida para no dar información de ningún tipo. Incluso se quejaba del dueño, que no le pagaba sino 70.000 pesos al mes. Me parece que el apartamento figuraba a nombre de un tipo que vivía en Bogotá y esporádicamente venía a Cali.

Estaba también el conductor, un hombre de apellido Castillo, que luego supimos era el corazón y alma de Miguel Rodríguez. Pero no fuimos capaces de sacarle nada. Y eso que lo interrogaron los más duros: Naranjo, Barragán, ni siquiera el de la DEA, Rubén, ni el de la CIA, Paco. Nadie fue capaz de hacerle decir algo sospechoso, algo que nos diera la clave de la posible caleta. A mí tampoco me dijeron nada, sólo me convencieron de su inocencia.

Pasé más de seis horas entrando y saliendo del apartamento. La nevera estaba llena y yo me decía aquí está, carajo, aquí, seguro, pero ¿dónde? Le metimos broca a unos sitios en la pared tratando de encontrar caletas, desarmamos los closets, quitamos cuadros, buscamos interruptores secretos, levantamos las alfombras, pero nada. Todos los agentes trabajaban con destornilladores, sensores, palancas, parecíamos obreros de construcción. Yo había llegado al apartamento al mediodía, y a las nueve de la noche, decepcionado, le dije al oficial de Inteligencia y a los de la DEA:

—Este tipo se nos voló, yo me voy.

Y me devolví para Bogotá con una gran frustración

Pero un poco más tarde, como a la una de la mañana, el informante volvió a comunicarse con uno de los agentes de la DEA y dijo que había verificado su información y que Miguel Rodríguez seguía allí. Entonces volví a llamar a Cali, a Murcia y a Serna:

—Bueno, hermanitos —les dije—. Parece que Miguel sí está allá. Córranle.

Regresaron inmediatamente al lugar pero cuando llegaron quedaron estupefactos. La caleta estaba abierta y en uno de los corredores estaba tirado un tanque de oxígeno al que sólo le quedaba media hora. Al lado había un bluejean con sangre en la rodilla —lo que quiere decir que la broca lo alcanzó a herir—, una toalla y una camisa azul. Miguel se nos había volado.

La caleta era una de las más perfectas que hemos visto: la entrada era un espacio de 40 centímetros debajo del lavamanos que se abría introduciendo un alfiler dentro de una ranura. El alfiler hacía contacto y el bloque se desplazaba per-

mitiendo la entrada. Pero el operativo no fue del todo esté-
ril, pues detrás de un armario, en un doble fondo, encontramos tres maletines llenos de documentos con información
que fue de gran valor para la Fiscalía.

Luego supimos que el teniente Efrén Buitrago, del Bloque de Búsqueda, lo había sacado, y ese fue uno de los casos
de corrupción que más me dolió pues este hombre también
le pasaba información sobre las llamadas que recibíamos
relativas a su ubicación. Después de que yo pasé la tarde ahí
y me fui dejamos una vigilancia, pero en la noche el teniente entró al apartamento y sacó a Miguel en el baúl de un auto.
Esa fue una frustración muy grande pues tuve a Miguel a 20
centímetros durante varias horas. La caletica debajo del lavamanos era un hueco muy pequeño en el que sólo cabía una
persona de pie, con oxígeno para poder respirar y sin moverse. Si nos quedamos una hora más él o sale o se muere de
asfixia, pues ya había consumido casi todo el aire. Lo alcan-
zamos a herir, pero por el cemento la punta de la broca no
salió con sangre y Miguel ni gritó ni nada. Verraco el tipo.
El capitán fue destituido e investigado de forma fulminante.

Pero tres semanas después llegó el desquite, exactamente el 6 de agosto de 1995. El hecho bonito fue que una persona nos llamó al teléfono de informaciones:

—Acabo de ver entrar a Miguel Rodríguez Orejuela al edificio Hacienda Buenos Aires, en el barrio Normandía de
Cali.

Era un lugar con las mismas características de seguridad del anterior, es decir en una calle cerrada, frente a un monte deshabitado y con una vista panorámica de lo que sucedía alrededor.

El informante aseguró que Miguel había entrado a las cinco y media de la tarde, y entonces mandamos para allá a los de Inteligencia. Pero los hombres decidieron no entrar porque era un edificio como de 18 pisos, muy grande, y no sabíamos en qué apartamento estaba. Gracias a esta precaución nos salvamos y lo pudimos atrapar más tarde por la costumbre que tenía de encender una veladora.

Al decidir esperar nuestros hombres se escondieron en la loma que quedaba al frente y esperaron que se hiciera de noche. Como sabíamos que tenía vigilancia se ubicaron lejos, y con binóculos infrarrojos se vigilaron los movimientos en todos los pisos.

A la una de la mañana se apagaron las luces del edificio y todo el mundo se acostó. Y entonces vino el milagro, pues en medio de la oscuridad lo único que se veía, desde el cerro, era la luz de una veladora en uno de los apartamentos. Entonces se decidieron a actuar pues sabíamos que Miguel era muy devoto de la Virgen y siempre dormía encendiéndole una vela. Un grupo de asalto se movió con sigilo y lo sorprendieron en calzoncillos, metiéndose a la caleta. Tal sería la sorpresa para él. Si se llega a dar cuenta del asalto un poco antes habría tenido tiempo de meterse, y quién sabe si lo hubiéramos encontrado. Fue cuestión de segundos, pues cuando los agentes llegaron Miguel tenía medio cuerpo adentro. La caleta estaba en su dormitorio y fue una mujer de Inteligencia quien lo encañonó y lo capturó en calzoncillos. Se ve que su seguridad se durmió, pues el tipo se dio cuenta de la incursión sólo cuando se derribó la puerta. Los agentes hicieron saltar la chapa con un mazo y en poquísimo tiempo tomaron el control. No hubo ninguna resistencia, pues estaba con su mujer y con el contador. Las agentes Betty y Jennifer, con la malicia de la mujer colombiana, volvieron a triunfar. Leonardo, un excelente oficial de inteligencia de la Armada Nacional, también participó en la operación.

Se puede decir que en este caso la Virgen prefirió ayudarnos a nosotros, a pesar de que la veladora la había encendido él. Y es que Miguel tenía una característica: había invertido el metabolismo. Dormía de día y trabajaba de noche haciendo cuentas. El secreto de esta captura fue saber esperar y mover las fichas en el mejor momento del juego. Nosotros jugamos con fichas blancas, ellos con las negras. Esa partida la ganamos por mejor concentración.

La operación debió hacerse con extremo sigilo pues cada vez que yo salía de Bogotá, Miguel se enteraba, ya que por lo general me desplazo en helicóptero o en avión. Las filtraciones y sus informantes le avisaban, y por eso él sabía de todos mis movimientos. Si le decían que yo iba para Cali, él podía suponer que preparaba algún operativo y entonces cambiaba de escondite o se iba de la ciudad. Por eso era necesario moverse con cuidado, evitando en ciertos casos que nuestros propios agentes se enteraran de lo que hacíamos. Tuve varias noches de desvelo. Muchas veces con mi equipo de trabajo y gente de confianza amanecía en la oficina de la Dirección General.

Pero ese día las cosas se facilitaron porque era un puente y yo anuncié que me iba para Girardot a descansar, con lo cual nadie pensó que se preparaba una captura. Salí con Óscar fingiendo viaje de descanso. Para la anécdota, recuerdo que mi mujer no estaba y que por esos días teníamos en la casa un perrito French Poodle. Entonces me tocó traerme al hijuemadre perro en el helicóptero. Yo estaba encartadísimo, pero para no dañar el matrimonio decidí llevarlo a Girardot. Esa noche estuve en la casa de un gran amigo y me mantuve pendiente del teléfono. A las once hablé con Rubén, agente de la DEA.

—Vamos bien —me dijo.

¿Cuánto? –le pregunté.

—Ochenta por ciento.

Siguió pasando la noche y me acosté como a la una, en la pieza encerrado con el perro, entre dormido y despierto esperando la llamada. A las cuatro de la mañana me llamó el general Montenegro pero la comunicación se cayó. Hijuepucha. Yo hasta ahora estaba aprendiendo a usar el celular, que recientemente habían salido al mercado, y no supe cómo devolverle la llamada. Entonces llamé a un centro nuestro de comunicaciones y les pedí que me marcaran el número para probar si el teléfono estaba bueno. Y sí, el teléfono me sonó y entonces más ansiedad sentí de no poder comunicarme. Con los timbres del teléfono el perro se despertaba y empezaba a ladrar, y yo trataba de callarlo y más desespero me daba. A las 4:45 de la mañana, por fin, entró una segunda llamada de Montenegro.

—Cumplida la misión, mi general —dijo—. Ya lo tenemos.

Me mandaron el avión, lo abordé a las 5:45 en Girardot y cuando llegué a Cali ni siquiera lo apagamos, pues Miguel estaba listo en la base para el traslado a Bogotá.

Durante el viaje conversé un poco con él y noté que estaba muy bravo. Le salía baba por la boca de la rabia. Pero a pesar de eso no fue grosero.

—¿Qué pasó Miguel? —le pregunté—. ¿En qué falló? ¿Qué le pasó a su seguridad?

—Nooo, mi general —me respondió—. Es que usted y su gente son unos verracos... Yo nunca creí que me fueran a agarrar.

Hablando ya llegamos a Bogotá, le tomamos los datos y al poco tiempo lo presentamos en rueda de prensa.

La identificación de Miguel, como siempre, fue un momento de nervios. Ahí estaba él, frente a los otros, uno de los hombres más buscados del país, listo para ser llevado a la cárcel.

Estuvimos de buenas y esto aumentó la fama que me tienen en la Policía de tener buena espalda, de que cuando intervengo de cerca en una operación las cosas salen bien. En esto hay algo importante: a lo largo del reordenamiento de la Policía yo jugué un papel fundamental por el instinto. De mí dicen que no soy hombre de grandes teorías sino de instinto, de un sentido común agudo. A veces eso plantea contradicciones con la teoría que manejan algunos de mis hombres, pero lo que pasa es que a veces la teoría o se queda corta o la supera el instinto. Tanto que muchas veces hacemos apuestas. Es algo curioso: yo no sé cuál es la fuente del instinto, posiblemente sea por mi extracción campesina. Hay algo clave y es que yo no miro las facetas negativas de las cosas, sino que me concentro siempre en lo positivo. Tal vez esto es lo que me trae buena suerte, una suerte que, de todos modos, no existiría sin el trabajo sistemático de todo un equipo, por quienes, debo decirlo, tengo un profundo aprecio.

Miguel nació el 15 de agosto de 1943 en Mariquita, Tolima, y a lo largo de su vida delictiva se le conoció con los nombres de "El Señor", Róbinson Pineda, Patricia, Patricio, Patty, Pat, Manuel, Manolo, Miki y Mauro. Era el segundo del cartel de Cali, por detrás de su hermano Gilberto, con quien se había iniciado en el negocio a partir de los años 70.

En su prontuario estaba el haber organizado una sociedad de tráfico de estupefacientes al lado de Hélmer "Pacho" Herrera y José Santacruz Londoño, ambos aún prófugos de la justicia en ese entonces.

Miguel había sido vinculado al narcotráfico cuando su hermano Gilberto fue detenido por la Interpol en Madrid (España), en noviembre de 1984, al lado de Jorge Luis Ochoa Vásquez, bajo los cargos de conspiración para el tráfico de estupefacientes. Dentro de la organización era reconocido como el hombre de la línea dura, y se cree que fue el autor intelectual de un centenar de operaciones en la guerra entre narcotraficantes, concretamente contra el cartel de Medellín a finales de los años 80, en la llamada época "narcoterrorista". Pero advierto que el enemigo número uno del cartel de Medellín era Pacho Herrera.

Miguel se caracterizó por su trato afable y por su facilidad en penetrar los diferentes sectores sociales del país, tanto los políticos como los deportivos y económicos. De él puede decirse que dirigió el transporte de grandes cantidades de base de coca provenientes de Bolivia y Perú hacia los distintos laboratorios ubicados en los departamentos del Valle, el Putumayo, Cauca, Tolima y los Llanos Orientales. También coordinó los envíos de cocaína a Estados Unidos camuflados principalmente en postes de cemento y alimentos con destino a zonas rurales de Texas y Florida.

Miguel era un estudioso de las normas penales, exclusivamente de las normas penales, es decir de lo que tenía que ver con la cárcel y las sentencias que podían dictar contra él. No le interesaba la doctrina legal, pues sin duda no pensaba respetarla. Sólo le interesaba lo penal. Era, eso sí, un gran comerciante, y esto se ve en sus libros de cuentas. La exactitud de todos los gastos, el detallismo con el que anotaba todo era de un gran comerciante, de una persona muy seria en su trabajo. No era el botaratas que sólo daba constancia, por decir algo, de lo que estuviera por encima del millón de pesos. No. Él lo anotaba todo, incluso los tres mil pesos del pago del parqueadero.

Miguel tenía un tipo de "chuleado", de marca característica en los documentos que quería decir que era lo más importante, y cuando tenía que ver con otras personas entonces quería decir que se trataba de una orden. Sobre los documentos encontramos también la anotación de todas las llamadas, una por una, con el nombre de las personas con las que hablaba; unos con los nombres reales y otros con nombres ficticios. Todo se iba al computador y algunas las grababa para poder pedir retribuciones después. En fin, mi conclusión es que ellos jamás dieron nada gratis. Yo creo que le grababan hasta a los amigos. De hecho el apartamento en el que Miguel se nos voló tenía 25 líneas telefónicas. Era una especie de gerencia. En alguna oportunidad dije que la telefónica de Cali era más de ellos que de los usuarios normales.

Tras su captura, Miguel Rodríguez Orejuela entabló una

demanda ante la Procuraduría General de la Nación contra el ex ministro de Defensa Fernando Botero Zea, acusándolo de haber violado sus derechos fundamentales. Pero con todo fue llamado a declarar el 11 de marzo de 1996 ante la Corte Suprema de Justicia en la investigación contra algunos congresistas involucrados en el proceso 8.000. El 2 de abril de ese mismo año, la Fiscalía General de la Nación solicitó para él la máxima pena de 24 años por el delito de narcotráfico. Dos veces fue pedido en extradición por Estados Unidos y Canadá por conspiración, importación, comercio y tráfico de cocaína en esos países.

Su sentencia llegó el 17 de enero de 1997 y fue condenado a nueve años de prisión, pena que en mayo de 1997 fue aumentada a 15 años, siempre por los delitos de narcotráfico y enriquecimiento ilícito. Desde entonces Miguel Rodríguez Orejuela se encuentra recluido en el pabellón de alta seguridad de la penitenciaría central de Colombia La Picota en Bogotá.

Los carteles

LOS CARTELES TIENEN su origen en la mafia siciliana al imitar su sistema de protección y su idea de crear un Estado paralelo. Tanto en la mafia siciliana como en los carteles colombianos, los lazos de familia fueron fundamentales en los inicios, pues son ellos los que les dieron ese carácter de "hermandad" típico de estas organizaciones. Luego empezaron a desarrollarse de acuerdo con la fragilidad o la ineficacia de las autoridades que los combatían, hasta crecer y convertirse en monstruos. Con la marihuana de la Guajira no se alcanzó a hacer una verdadera mafia, ni siquiera lo que llamamos un cartel. Lo que sí hubo fueron los gérmenes de esos comportamientos que luego adoptarían muchos de los capos mafiosos. Los capos de la "marimba", como se les decía, fueron los primeros en andar con dos relojes de oro en la muñeca, con collares de oro y pulseras de oro. Ellos fueron los primeros en introducir ese gusto estético que a nosotros nos parece "lobo" pero que a ellos les encanta, pues deja ver de un solo golpe de vista que son ricos, o mejor, que son "nuevos ricos". Ellos fueron los primeros en usar camionetas Ranger. Por el ruido que hacían y la pinta cualquiera podía reconocerlos. También fueron precursores en lo de crear bandas armadas: se llamaban los "gatilleros" y mataban a la gente por plata, lo mismo que luego se iba a desarrollar en Medellín con el nombre de "sicario". Estos "guajiros" nunca llegaron a construir verdaderas mafias porque sólo tenían el control de la materia prima en el negocio. Las redes de distribución en Estados Unidos no eran de ellos, y por eso cuando se logró sembrar marihuana en Estados Unidos, en Ohio, Alaska, California y Hawai, la Guajira dejó de ser el exportador principal. Mejor dicho: se acabó para ellos la bonanza marimbera, pues al mismo tiempo, en Colombia, se empezaba el proceso de erradicación con glifosato.

Ahí empecé a conocer el ingenio del colombiano pues en ese entonces se inventó el sistema de prensado de la marihuana para disminuir peso, espacio y volumen para embarcar en menos viajes. En 1972 cuando era capitán, la Policía me envió a El Paso, Texas, a adelantar un curso de fronteras. Ahí en la frontera con México observé por primera vez en mi vida profesional la actividad del narcotráfico. El problema de ese entonces era la marihuana.

Luego, a finales de los años 70, llegó la fiebre de la cocaína. Un buen negocio porque producía más ganancias en relación con su volumen, y entonces era más fácil transportarla. Cantidades más pequeñas producían mayores ganancias que la marihuana. Entonces se inició la recolección y el procesamiento de la hoja de coca en cantidades mayores, y se comenzó a enviar a Estados Unidos utilizando la experiencia en rutas de las redes de la marihuana de la Costa y el Urabá antioqueño, que a su vez se habían basado en las rutas del contrabando por el Caribe y las Antillas. En Antioquia ya existía un tráfico incipiente de cocaína durante los años 70 usando pasta básica traída de Bolivia y el Perú, e impulsada por contrabandistas norteamericanos que operaban desde Panamá. Estos grupos de narcotraficantes refinaban la pasta básica en Colombia y la enviaban a Estados Unidos. Entonces, al venir el declive de la marihuana, ellos ya llevaban ventaja y se empezó a crear el cartel de Medellín, con la figura central de Pablo Escobar y lugartenientes como Carlos Lehder, que manejaba el Quindío y los Santanderes, y que era un enlace clave para los envíos de coca desde sus propiedades en las Bahamas; también con José Gonzalo Rodríguez Gacha, quien manejaba la zona central del país y cuyo aporte a la organización fue el más terrible: ser el jefe militar y la cabeza de la mayoría de los atentados terroristas del cartel contra el Estado. Rodríguez Gacha, apodado "el Mexicano", era un típico campesino nuevo rico, antiguo matarife, y por eso usó su enorme fortuna para comprar tierras. A él más que la coca lo que le gustaba era la tierra, y por eso compró un montón de fincas, buen ganado y buenos caballos. Por los problemas territoriales con la guerrilla empezó a financiar la creación de grupos paramilitares, que en un principio era como el "sicariato" del campo. Poco antes de su muerte, en 1988, se supo que una oficina en Bogotá le manejaba 77 empresas agroindustriales, ganaderas, constructoras y de inversiones en equipos de fútbol. El poder del cartel de Medellín como terratenientes fue inmenso: Pablo Escobar compró la margen derecha del río Magdalena y Rodríguez Gacha la izquierda, apoderándose de este modo de la mejor tierra de Colombia.

Su característica principal fue la violencia y el temor que infundían en sus colaboradores, cercanos o lejanos. Por esto a la mafia colombiana, y sobre todo a la de Medellín, nadie la engañaba. A Pablo Escobar le pagaban cuentas desde México estando preso por temor a la retaliación.

Los del Valle, el cartel de Cali principalmente, arrancaron de la base de los contrabandistas de Buenaventura, enviando coca a Estados Unidos desde mediados de los años 70 a través de la Amazonia y el Putumayo. Ellos también traían la pasta base de Perú y Bolivia, la procesaban allá y luego la despachaban directamente desde los lugares de producción. La gran diferencia inicial con el cartel de Medellín fue que los caleños venían de capas de clase media, y por eso les fue más fácil penetrar en la sociedad, sin tantas contradicciones.

Lo que yo he observado en Colombia es que a mucha gente le gusta que le digan que es jefe de un cartel, pero claro, eso no quiere decir que les guste sufrir las consecuencias de serlo. Estas organizaciones mafiosas se empezaron ubicar por ciudades o regiones, tomando sus nombres: cartel de Cali, de Medellín, del Norte del Valle o de la Costa. La impresión que tengo es que la gente apreciaba pertenecer a un cartel porque esto les suponía protección, provocaba miedo y generaba poder. Un poder que se manifestaba de un modo muy concreto: todo el mundo debía pagarles cuentas.

A ellos les gustaba ser considerados así: seres temibles que se imponían a los demás por la fuerza, por la sangre fría pero también por la inteligencia para escalar posiciones en un mundo en el que es necesario tener ojo de águila y dedo rápido para el gatillo. Lo demás, lo que también les gustaba, era lanzarse de lleno en la vida superficial: hacer fiestas, comprar libros por metros para decorar sus bibliotecas, invertir en joyas, obras de arte, edificios, establecimientos nocturnos, vehículos, etc.

Cada miembro de un cartel tiene aficiones diferentes y en esto hubo mucha imitación de películas como *El Padrino* o de personajes como Al Capone. Esas películas, de alguna manera, invitaban a la formación de carteles. Tanto fue así que Pablo Escobar tenía el autómovil de Dillinger a la entrada de su finca en Puerto Triunfo. Tenía también, como un trofeo, la avioneta con la que "coronó" su primera carga de coca en Estados Unidos.

Los Rodríguez, más finos y sutiles, más inteligentes, se dejaron ubicar por su jerarquía dentro del cartel. Uno de sus grandes errores fue crearse el propio mito de ser impenetrables e invencibles. Por ese mito fue que nosotros los sobrestimamos y, por eso, desplegamos contra ellos demasiadas armas. Cuando yo empecé mi tarea me dije que me iba a enfrentar al cartel más grande del mundo, que exportaba el

80% de la cocaína que se consumía en el planeta. Pero a pesar de sus medidas, de su fuerte organización, me di cuenta de que no eran tan fuertes como yo creía.

Además de exportar cocaína, el cartel de Cali tenía la misión de sobrevivir. Pablo Escobar, después de hacer atentados ciegos contra la población en su lucha contra el Estado y la extradición, y de volar más de cien farmacias La Rebaja en su combate contra los Rodríguez Orejuela y sus secuaces, propició una alianza peligrosa entre el cartel de Cali y algunas autoridades. La prioridad de evitar el terrorismo era tan alta que cualquier alianza pareció posible con tal de neutralizar a Escobar y a su maquinaria de muerte, pero de eso quedaron secuelas porque mucha gente se fue más allá, y de informantes, de perseguidores de un enemigo común, pasaron a ser amigos, en una amistad que los del cartel de Cali propiciaron, alimentaron y luego cobraron. Ese hecho es sabido.

Además, la guerra contra Pablo Escobar desató regionalismos peligrosos. Si un paisa llegaba a Cali y tomaba un taxi, el taxista le reconocía el acento y luego informaba: "Acabo de recoger a un paisa, lo acabo de dejar en el hotel tal". Y muchos de esos paisas desaparecían, sólo se encontraba el saco o el maletín. Igualmente sucedía en Medellín. Un auto con placas de Cali era perseguido como si fuera un mercenario. Ese regionalismo fue muy grave.

Al principio hubo una división de los carteles en cuanto

ROSSO JOSÉ SERRANO CADENA

al negocio de la coca que les permitió convivir. El cartel de Cali, bajo el control de José Santacruz Londoño, tomó las riendas de Nueva York, San Francisco y Chicago. Ese era el pacto. El cartel de Medellín, de su lado, controlaba todo lo que era Washington, Florida y otras áreas del Caribe. Pero parece que se metieron los unos en el terreno de los otros, así que esa lucha comenzó en Estados Unidos. Recuerdo que hubo un caso con José Santacruz, que mandó matar a José Luis Unanue, un periodista de Nueva York, porque en su periódico desenmascaró a los vendedores de coca de la ciudad, que eran más de cien colombianos. El periodista, que era de origen cubano, hizo la denuncia y lo mataron en un restaurante. Cuando Santacruz murió la viuda de ese reportero se vino hasta Bogotá a felicitarme, porque ella sentía con eso un gran alivio.

Bogotá, por lo grande, se convirtió en la ciudad en la que no se encontraba a nadie. Las bombas puestas por Escobar fueron muy puntuales: eran para matar al general Maza Márquez, al magistrado Baquero, a los ministros Lara Bonilla y Low Murtra, al coronel Ramírez Gómez, director en ese momento de la Policía Antinarcóticos. Ellos iban a Bogotá más a matar que a refugiarse, pues al montañero –y ellos eran montañeros– no le gusta Bogotá. Recuerdo que a un tipo que había puesto una bomba lo identificamos porque estaba en manga corta. En Bogotá nadie que no sea un montañero se pone manga corta.

Ahora bien, cada cartel se caracterizaba por su forma de protegerse. Tenían oficiales retirados de todas las fuerzas de las mejores calidades en Inteligencia o en Operaciones. El cartel de Cali lo hizo con anillos de seguridad muy estrechos, repartiendo montones de plata y dándole un porcentaje en el negocio a los subalternos más cercanos; por eso encontramos gente muy joven supermillonaria, porque eran personas de confianza que entraron muy temprano a ser servidores de los capos. Esa gente, como era normal, no se quedaba de escolta permanente. En los embarques, por ejemplo, ellos dividían y daban porcentajes al piloto —que es otra mafia que está por descubrir— otro porcentaje para los dueños del producto, que siempre son varios para no perder tanto individualmente si los atrapan, y un pequeño porcentaje para repartir entre la segunda generación: la de los jóvenes. Esta costumbre hace que las lealtades sean hasta la muerte.

Yo recuerdo a un muchacho jovencísimo que tenía 4,5 millones de dólares en una caleta en Cali. Esa plata era de Santacruz, y a pesar de que Santacruz ya estaba muerto el joven no la había gastado, creía que si los gastaba, lo matarían. Hay mucha movilidad, y además los capos van preparando su sucesión. "Si yo me muero", dicen, "el negocio lo sigue fulano". Pero esas lealtades son caras. Las pruebas de lealtad son infinitas y muchas veces valen la vida. Tanto que, en mi opinión, el narcotráfico pone más muertes y desapariciones que el mismo conflicto armado. Muchas de ellas ni se conocen por miedo.

La diferencia del cartel de Cali con Medellín es que los cercanos a Escobar eran asesinos igual que él. Los de los Rodríguez Orejuela, en cambio, eran gente más instruida, con un nivel cultural más alto, pero que tenían el mismo tipo de pretensiones pues de todas formas no hay narcotráfico sin sicarios. Recuerdo que una vez les encontramos una lista de secuaces disponibles; si necesitaban que este o aquel les hiciera un trabajo lo escogían, y a partir de ahí la persona iba subiendo de categoría. Cada misión con éxito lo subía en el nivel jerárquico y eso representaba mejores pagos y a la vez misiones de más riesgo, pues la antigüedad significa confianza. Es una forma mafiosa de competencia para que el más malo, el más arriesgado y temerario de todos, sea el que más recibe. Es una competencia peligrosa pero interesante. Nosotros tenemos una lista de los guardaespaldas que estaban en esa carrera. Ellos eran los que cobraban cuentas, los que mataban, los duros de la organización. Por estas cosas se podría comparar al cartel de Cali con cualquier organización internacional en la que hay un gerente, un manejo internacional, un manejo de seguridad, de producción, un escalafón... Es una empresa con organigramas, ascensos, bonificaciones, celebraciones y todo eso.

¿Qué era el cartel de Cali en los prontuarios de la Policía

antes de mi llegada a la dirección en 1995? Hay que tener en cuenta que muchas autoridades colaboraron para identificar a este cartel. Después de la muerte de Pablo Escobar, e incluso un poco antes, toda la droga que se decomisaba se le atribuía al cartel de Cali, y nadie decía que no. Yo nunca vi una nota aclaratoria de los Rodríguez Orejuela negando que los paquetes de coca fueran de su propiedad. Tal vez les gustaba ese protagonismo, o tal vez no querían enfrentar ninguna acción. Y una característica para reconocerlos era la inteligencia especial para enviar la droga. Siempre que encontrábamos un cargamento escondido de forma sofisticada, bien "mimetizado", sabíamos que era de ellos. Recuerdo una vez que decomisamos siete toneladas en unos carretes en Cartagena, y los de la DEA me decían: "Esto pinta cartel de Cali". Ellos no mandan ni en maleta ni en cajas, ellos son muy ingeniosos. Tenían dos aviones 727 propios para enviar droga y traer los dólares. Eran aviones de pocas horas de vuelo que compraban por 500.000 dólares. Ahí hacían todo tipo de transportes con coartadas realmente originales. Lo más ingenioso que vi fue un envío de droga escondida dentro de unos postes de luz que salieron por Venezuela. La empresa, que se llama Tranca S. A, se prestó para eso. Ya capturamos a su dueño que es venezolano y que está en proceso de extradición identificado con el alias de "El Gordo".

El origen del cartel de Cali es muy conocido. Los Rodríguez eran gente humilde, que servían en una farmacia llevando y trayendo, es decir de mensajeros. Después encontraron la oportunidad de entrar al negocio de la droga y empezaron a sobresalir. Y así, poco a poco, lograron hacer una organización que luego se completó con la entrada de José Santacruz Londoño y de Hélmer "Pacho" Herrera, pero también con Cuchilla, Chupeta y los demás. Santacruz organizó los mercados en Estados Unidos, Herrera se encargó del lavado de dólares y de la parte militar, y así se fue consolidando. A mediados de los años 80 ya empezaron a aparecer a nivel internacional como una organización fuerte. En esos años se empezó a oír de ellos en Estados Unidos y en Europa. Entonces vino ese episodio, que hay que mirar con lupa, de la captura de Gilberto Rodríguez Orejuela en España junto a Jorge Luis Ochoa. Tengo entendido que hubo corrupción y fue entonces que empezó el debate sobre la extradición, que es lo único a lo que ellos de verdad le temen. Pablo Escobar la combatió con bombas y ellos con otro tipo de torpedos: la corrupción, la compra de voluntades, la intimidación o el chantaje. Me aterra que los narcotraficantes se sienten negociantes y no delincuentes. Mi pregunta es: ¿por qué le temen tanto los narcos a la extradición?

"El Papi"

CUANDO EL BLOQUE DE BÚSQUEDA ya estaba en pleno funcionamiento, hostigando y persiguiendo a los capos de la mafia que aún se encontraban prófugos, se entregó Víctor Patiño Fómeque, alias "el Papi" o "el Químico".

Víctor Patiño había ido subiendo de escalafón hasta convertirse en uno de los capos y hombres clave, estaba sindicado por las autoridades judiciales de tráfico de estupefacientes y de enriquecimiento ilícito.

La inmensa fortuna de este narcotraficante se hizo evidente al ver de cerca sus lujosas residencias. Pocos días antes de su entrega, treinta agentes del Bloque de Búsqueda habían allanado una casa en Ciudad Jardín, en Cali, de la cual figuraba como propietaria su esposa, Flor de Patiño. Entre otras excentricidades y lujos, esta casa tenía una piscina adornada con la efigie de una sirena semidesnuda en el fondo, manillares dorados y un hilo musical permanente que emitía sones de música ranchera.

Junto a la piscina los agentes encontraron estatuillas de Buda de diferentes tamaños que servían para colgar las toallas, y un delfín de mármol de cuya boca salía un chorro de agua que caía en graciosa elipse sobre la piscina. Cerca de la vidriera, un jacuzzi en forma de corazón, de bordes acolchados, completaba la decoración, todo frente a un grandioso ventanal que miraba al jardín, en donde una India Catalina se erguía en el centro de una fuente. En el momento del allanamiento encontramos también un carrito de licores con una hielera de plata que servía para mantener frío el champagne.

Al interior de la residencia vimos más cosas excepcionales: un circuito cerrado de televisión que permitía la vigilancia de todos los sectores de la casa; varios metros de libros con el lomo del mismo color, verde paño de billar, que contenían obras clásicas; un bar de pared hecho en cristal y espejo; 18 pares de zapatos blancos, de charol y de cuero normal, prácticamente nuevos. Y lo más importante: una caja fuerte en la que hallamos documentos relativos a sus empresas. Las excentricidades y el extraño gusto de este hombre me hicieron recordar otro decomiso inolvidable: el de la casa del narcotraficante Leonidas Vargas en Guaymaral. Recuerdo que tenía una cámara para "broncear" a las bellas mujeres que lo acompañaban, y una piscina que tenía la forma del departamento del Caquetá, su tierra de origen.

El Papi poseía varias casas como esta en Cali y en la Costa Pacífica del Valle, en donde se centraban la mayor parte de sus empresas fachada a través de las cuales lavaba los dineros provenientes del tráfico de drogas. En Buenaventura, por ejemplo, tenía una poderosa empresa pesquera con sucursales en Cali, además de otras diez empresas menores, todas en la zona del puerto. Estas estaban escrituradas a nombre de familiares y parientes cercanos. También era suyo el hotel La Bocana, que ya había sido allanado el 9 de marzo de 1994.

A lo anterior había que sumar un centro comercial en Cali

y varias haciendas, caso de El Chaparral, en el área rural de Palmira. Esta hacienda, según los informes que obtuvimos a través del Cuerpo Técnico de Investigaciones de la Policía, figuraba a nombre de un testaferro de apellido Lenis, una familia que actuaba como fachada legal de la organización dirigida por Víctor Patiño.

El Bloque de Búsqueda, siempre en los días preliminares a su entrega, le había allanado otras nueve residencias en Cali y estábamos muy cerca de poder desarticular toda su estructura financiera en operaciones que habían comenzado tiempo atrás, en junio de 1993, cuando se le decomisó una embarcación llamada La Niña en el puerto de Cartagena.

Los constantes allanamientos y la presión sobre sus propiedades lo llevaron a la entrega, convencido de que tras la caída de los Rodríguez Orejuela la acción de la Policía contra él se haría insoportable. A esto se sumaba la oferta de recompensa, que era de 500 millones de pesos. Y aquí, en lo de la oferta de recompensa que anunciábamos por televisión, nosotros jugamos con un factor psicológico pues al poner por Víctor Patiño el mismo precio que dábamos por Chepe Santacruz y por Pacho Herrera, que obviamente eran capos más grandes, creábamos un malestar en el seno del grupo mafioso. No me cabe duda de que tanto Santacruz como Pacho Herrera dirían: "¿Cómo así que están ofreciendo por él lo mismo que por nosotros?".

Patiño no podía estar a la misma altura, y este malestar

contribuyó a que los mismos capos grandes se vieran en la tentación de filtrar información que nos ayudara a cercarlo. En sus mentes Víctor Patiño seguía siendo un chofer, y estoy seguro de que dejarnos algunas pistas no les causaba mayor escrúpulo, sobre todo porque al evacuar hacia él parte de la presión del Bloque ellos podían ganar un respiro.

Estas cosas pasan dentro de la mafia, pues al fin y al cabo la moral del mafioso termina cuando se siente acorralado. Nosotros apostamos por ese factor psicológico y funcionó, pues después de la publicación de los avisos de recompensa tuvimos muchas informaciones anónimas que resultaron ser ciertas.

Cartel de Cali:
Sus relaciones internacionales

EL CARTEL DE CALI era el que más relaciones internacionales tenía, y su misión era tomar todos los mercados. Luchando contra ellos supe de sus vínculos con la mafia siciliana, con la nigeriana, con las mafias de Estados Unidos. Tal vez con la única que no pudo relacionarse fue con la mafia china, pues esta es muy selectiva y cerrada. Hicieron intentos pero nunca fueron aceptados. Lo que esas mafias le aportaban al cartel de Cali eran contactos, pues el narcotráfico no se puede hacer sólo con colombianos. El narcotráfico tiene que tener apoyo en otra nación, y por eso se ve esa división entre países de tránsito y países productores. Ni la Policía ni las autoridades de esos países son colombianas. El narcotráfico debe ser el único delito en el mundo que no se puede hacer solo, pues necesita de muchos apoyos. Por eso no es tan difícil perseguirlos. Siempre revienta por algún lado.

Ha habido un hecho lamentable en otros países, y es que el narcotráfico se ha desarrollado hasta crear mafias muy poderosas. Yo siempre le advertí a esos países que miraran lo que había pasado en Colombia y que no le hicieran el juego al narcotráfico. Lo mismo para los paraísos fiscales. Al principio el país no reacciona y le hace un poco el juego hipnotizado por los dólares fáciles, pero cuando ya empiezan a ver muertos en la calle y todo eso, ojo: quiere decir que ya se creó la mafia del narcotráfico. Eso pasó en países que fueron laxos, que consideraron que por ser un fenómeno nuevo no había que investigarlo mucho, y que prefirieron dejarse llevar por la bonanza efímera que trae al principio. Pero después lo que trae es sangre y pobreza. Eso pasó en un país del norte, por donde entra el 80% de la droga que va a Estados Unidos según la DEA. Hay grupos fuertes como el de Arellano. O como el del "Señor de los Cielos", que murió en una cirugía en la que, al parecer, se les fue la mano con la anestesia. Parece que el médico era un colombiano que luego apareció descuartizado en una caneca de la basura.

En algunos países centroamericanos la droga se transporta en carros repletos de banano y fruta. Esos son países de tránsito, pero también en ellos van quedando las secuelas. Otros países han permitido la entrada de capitales de la mafia en áreas como el turismo o la construcción. En cuanto a Perú y Bolivia, estos países se convirtieron en los principales aliados de los carteles colombianos, primero con la pasta básica y luego con la hoja. De hecho, cuando se empezó a procesar la base de coca en el sur de Colombia, se hizo con hoja traída de allá. La cosa funcionó hasta que se descubrió que aquí también podían sembrarla. Pero ellos tuvieron problemas graves. A los más importantes mafiosos de Perú, por ejemplo, los agarramos aquí en Colombia. Fue el caso de "Vaticano", que acabó corrompiendo a cerca de 70 oficiales en su país. Ellos eran aliados del cartel de Cali y tenían casas en Palmira. También está el caso de Ramón González, un tipo joven, casado con una reina, que tenía un barco dentro de un lago en una de sus fincas. Otros peruanos de la mafia del narcotráfico, capturados por la policía colombiana son: Abelardo Cachique Rivera, Carlos Enrique Cárdenas Guzmán, Jover Tito Trujillo Cifuentes, Roberto Chávez Peñaherrera Waldo Simeón Vargas Arias alias "El Ministro", Julio César Gerena Díaz, Juan Eduardo Ramírez Saavedra, Isolina Mancilla Acosta, José Copunay.

Pero hay que decir que la mayoría de la plata se queda en los países consumidores, pues allá un kilo de coca lo triplican y las ganancias son mucho mayores. Los precios de la droga los fijan los que venden al menudeo, ellos son los que alientan o detienen la venta para que se mantenga. Es como una Bolsa. La Bolsa de la coca es toda una ciencia y sus oscilaciones dependen de la fumigación, los decomisos y la producción. Es un juego económico mundial. Y entre más lejos más caro. Un kilo de coca en Japón puede valer cien mil dólares, sobre todo si es de coca colombiana. Ya hay laboratorios en Miami pero no es lo mismo. Colombia sigue siendo privilegiada por el clima, las enormes extensiones, la dificultad de control, los mares y la cercanía a Estados Unidos, a lo que se suma un fenómeno reciente, y es que desde que la subversión y los paramilitares se vincularon al negocio las operaciones antinarcóticos se hicieron aún más difíciles por los frecuentes ataques a nuestra gente, hemos perdido cinco helicópteros y cuatro aviones de fumigación.

Para la supremacía de Colombia en el tema de la siembra

de la coca hay, además, una razón puramente botánica: de 250 tipos de hoja de coca, 200 son exclusivas de la región suramericana. No sé la explicación: seguro que tendrá que ver con los microclimas, con la tradición de las formas de sembrado. No lo sé con exactitud, pero lo seguro es que la mejor hoja de coca sale de estas tierras. Según los estudios del Ministerio de Agricultura la concentración de alcaloide en estas variedades puede oscilar en una proporción del 0,25% a 2,25% del peso de la hoja, un índice muy alto si se lo compara con la productividad de la hoja de coca proveniente de otras regiones.

Y luego vino la amapola, y fue el propio cartel de Cali, con la figura protagónica de José Santacruz, el que impulsó la presencia de esa heroína colombiana en EE.UU., especialmente en el área de Nueva York, con lo que pudieron triplicar sus ganancias.

Lo que sabemos es que contrataron a los mejores científicos del planeta para agilizar el crecimiento de la coca y la amapola y la verdad es que se ha tecnificado al máximo.

"El Alacrán"

TRAS LA ENTREGA de Víctor Patiño Fómeque vendría una desbandada de narcos deseosos de entregarse a la justicia. El siguiente en la fila fue Henry Loaiza Ceballos, alias "el Alacrán", quien se entregó en Bogotá con el fin de someterse a la justicia. Loaiza estaba dispuesto a ponerle el pecho a las acusaciones que recaían en su contra en los sumarios de la Fiscalía: tráfico de estupefacientes y enriquecimiento ilícito. Pero aparte de esto, sabíamos que Henry Loaiza era uno de los amigos íntimos de la cúpula del cartel de Cali y jefe del aparato militar de la organización. Por eso su entrega nos dio una gran tranquilidad, pues sabíamos que a partir de ahora se reducían las posibilidades de un contraataque terrorista. De ahí que la recompensa que ofrecíamos por él fuera tan alta: 574.000 dólares, el equivalente en ese momento de 500 millones de pesos.

La entrega ya había sido coordinada previamente por el propio Loaiza a través de una carta que había hecho llegar al ministro Botero, en la que le decía que era "un campesino de bien a quien se ha querido presentar como un antisocial".

En el momento de su entrega, y como de costumbre, Loaiza mostró una apariencia completamente diferente de la que se tenía en las fotos de archivo. No tenía el sombrero que usaba en la imagen que manejábamos las autoridades, sino un corte de pelo moderno, corto a los lados y con unos cachumbos negros cayéndole sobre la frente. Su apariencia no tenía nada que ver con la imagen de campesino que él quería dar, pues llevaba unos bluejeans, botas, camisa azul con corbata y una chaqueta de paño, es decir una pinta más bien de joven empresario a la moda. Loaiza se entregó por la misma razón que los demás: la incapacidad de resistir la fuerte presión del Bloque de Búsqueda y del Comando Especial Conjunto, los cuales habían realizado en los meses anteriores cerca de 30 allanamientos a sus propiedades en los municipios de Cartago, Roldanillo, Benadillo y en el corregimiento de La Primavera.

En esas residencias, como era de rigor, el Alacrán disfrutaba de grandes lujos. Un ejemplo fue lo que encontramos en una de sus fincas, Villa Paola, en donde el agua salía por grifos de oro en todos los baños. Tenía piscina y jacuzzi, discoteca, una muy bien dotada colección de videos pornográficos en una sala de cine con pantalla gigante, que además tenía el techo recubierto de espejos. El comedor era de cristal puro y en la sala principal, en todo el centro, se veía un inmenso alacrán de cobre que era el símbolo de su identidad mafiosa.

Además de estas propiedades allanadas, Henry Loaiza poseía varias haciendas en el departamento del Valle, así como propiedades en el municipio de Montelíbano, Córdoba, una de ellas con más de cinco mil cabezas de ganado.

La entrega del Alacrán era un rumor que venía sonando desde hacía varios días, lo que nos había redoblado los ánimos para continuar en la misma dirección de lucha. De él, de su vida, sabíamos poco. Había nacido en el municipio de

Bolívar, departamento del Valle, y comenzó a trabajar de jornalero en varias haciendas agrícolas de la región. Más tarde trabajó de chofer de un campero en el norte del Valle del Cauca, hasta que pasó a dedicarse a actividades ilegales al interior del cartel de Cali, en donde pasó de ser hombre de confianza de los Rodríguez Orejuela, subiendo en el escalafón, a convertirse en capo. Entre las acusaciones que tenía en su contra estaba la creación de varios grupos de milicias sicariales con las cuales habría realizado, entre otros, la masacre múltiple del parque San Antonio en Medellín, el 10 de junio de 1995, al colocar una bomba de diez kilos en la escultura *El pájaro*, del maestro Fernando Botero, con saldo de 28 muertos.

Al día siguiente de esta masacre, que Henry Loaiza negó en el momento de su entrega, los medios de comunicación habían recibido un anónimo que decía:

"Nosotros somos una gente del Valle que estamos putos con lo que nos han venido haciendo a nuestros familiares y a gentes que nada tienen que ver con actividades que nos han venido imputando sin ninguna prueba y sin ninguna realidad fehaciente".

Y más adelante agregaba:

"En nuestra organización pueden existir alacranes, escorpiones, caracoles (...). Queremos ver al ministro esta noche aplaudiendo en la televisión, como lo vimos aplaudiendo el viernes, aplaudiendo los muertos de anoche. Queremos verlo junto a los de la Policía y al presidente aplaudiendo (...). Lo queremos ver tan efusivo".

Con su entrega una semana después de estos hechos trágicos, Loaiza pretendía contradecir las versiones que indicaban que él era el responsable. También negó haber estado detrás del asesinato del jefe del servicio de Contrainteligencia del DAS, Mardoqueo Cuéllar. Según los informes de Inteligencia, este crimen sería una retaliación por el arresto de una ex reina, Sandra Porras Jurado, con la que Loaiza convivía. En la captura de esta joven habían sido apresados otros tres hombres de la organización, varios fusiles, ocho mil proyectiles y 76 kilos de cocaína pura que estaba preparada para ser expedida a Estados Unidos y Europa.

La última orden de captura proferida contra este capo había sido dictada por un juez sin rostro el 13 de mayo de 1995, al encontrárselo culpable de homicidio por su participación en la masacre de Trujillo, Valle. También se le sindicó por el asesinato del párroco de esa localidad, cuyo cadáver mutilado fue encontrado en las aguas del río Cauca.

Todo lo anterior nos permitía dar un respiro. Con el Alacrán tras las rejas sabíamos que el cartel, o lo que quedaba de él, había perdido uno de sus elementos de respuesta violenta más dinámico. Como dicen en mi tierra: "Era un burro con plata". Hoy, en la cárcel, el Alacrán está aprendiendo a leer y escribir.

Desarrollo paralelo de la Policía

LA CAPTURA DEL CARTEL de Cali dinamizó el desarrollo policial, porque fue un desafío. Así se haya "narcotizado", y así la gente a veces sienta que la Policía orientó mucho su actividad hacia el narcotráfico. Hemos recibido críticas por eso. Pero la lucha eficaz contra ellos era un compromiso nacional y eso la historia tendrá que reconcerlo. El cartel de Cali se había convertido en el factor más desestabilizador de las relaciones internacionales de Colombia, y no sólo con Estados Unidos. También con Europa. Entonces la pelea se dio en estos términos: o se acababa el cartel de Cali o la reacción internacional nos acababa a nosotros, no había más alternativa.

Uno de los factores más importantes en la modernización de la Policía fue el desarrollo de la actividad de la Inteligencia, y por eso hubo de nuestra parte una voluntad política muy clara para fortalecerla, pues entendimos que se trataba del instrumento más idóneo para atacar a las mafias. Y aquí hay algo importante: en la guerra contra Pablo Escobar la Policía pagó un costo muy alto en vidas. En un solo año fueron asesinados 500 policías, y por eso la conclusión fue que estábamos enfrentando a un terrorista puro mezclado con el narcotráfico. Sobre esa experiencia decidimos que en la lucha contra el cartel de Cali seríamos nosotros los que íbamos a crear el escenario de la lucha. Entonces fue un escenario muy proactivo, muy inteligente, con nivel "cero" de violencia, apoyado básicamente en una tarea de información y desinformación. Esto produjo los resultados que ya conocemos. Y fueron sorprendentes. Nuestro cálculo y el de mi gran amigo Thomas Constantine, jefe de la DEA, fue que la operación contra el cartel duraría entre dos y tres años, un tiempo razonable para lograr tener a los seis principales capos en la cárcel. Un poco porque veníamos del síndrome de Escobar, a quien perseguimos durante dos años después de que se fugó. Pero tuvimos éxito, pues la verdad es que a los ocho meses ya los teníamos a todos en la cárcel. La misma operación, con idénticos resultados, se repetiría luego en la lucha contra el cartel de la Costa. Los grandes mafiosos del Atlantico colombiano también fueron capturados por oficiales de inteligencia, entre aquellos figuraban los Nasser y Orlando Gamboa alias "el Caracol".

Hay algo que no me canso de repetir: los protagonistas de esta lucha, posiblemente en un grado superior al mío, fueron las mujeres y hombres de la Policía, hoy seres anónimos, lo mismo que varios funcionarios valientes y honestos de la Fiscalía y de la Procuraduría General de la Nación. Igualmente el Bloque de Búsqueda del Ejército así como la actividad de Inteligencia de la Armada contribuyeron al permanente hostigamiento del cartel, pues al fin y al cabo lo que se jugaba era el interés nacional.

La Inteligencia se desarrolló
gracias a la mafia

EN UNA NACIÓN COMO Colombia, que está enfrentada a una criminalidad tan alta, tan sofisticada en función de los elevados ingresos que generó el narcotráfico, se imponen retos permanentes para la institución. Sobre ese tema hay tres caminos. O las instituciones son indiferentes, o se corrompen o mejoran para vencer el reto. En el caso nuestro hubo mejora. La Policía, desde el año 80, estableció una serie de convenios con el gobierno norteamericano para luchar contra el narcotráfico, y eso significó en la práctica una Policía con buenos recursos para combatir ese tipo de crimen: una Policía con altos niveles de compromiso moral y ético; siempre tratando de superar la innovación de los narcos. Cualquier cuerpo policial va siempre a la saga de los delincuentes. Aquí hemos tratado de que haya equilibrio. Pero claro: los delincuentes son creativos y vienen de un proceso de cualificación a partir de sus propias experiencias. No hay que olvidar que nosotros estamos enfrentando hoy a la "tercera generación" de narcos. En los años 70, comienzos de los 80, enfrentábamos bandas armadas, tipo las de Rodríguez Gacha, es decir la fuerza bruta, la fuerza "per sé", primaria; luego Pablo Escobar, que combinaba el terror con un modelo de reinserción social al estilo Robin Hood: haciendo daño pero repartiendo migajas a los pobres, lo que lo convirtió en mito. Y por último la generación de los Rodríguez Orejuela, que abandonó el terror y que buscó un modelo de reinserción social a partir de la industria y la creación de empleos.

Mirando las cosas con cuidado, podemos decir que el cartel de Cali fue realmente el único proyecto mafioso de verdad que ha tratado de establecerse en Colombia. Los criminólogos europeos hablan de cuatro factores para que un proyecto sea considerado "mafioso". 1) Tener voceros políticos propios. 2) Tener la segunda generación sin sospecha ni antecedente penal. 3) Legalizar el patrimonio. 4) Manejar niveles de violencia invisibles.

Logradas estas cuatro cosas el delincuente pasa a ser un mafioso, se inserta en la sociedad y logra un estatus dentro de esa sociedad. Este proceso se vivió en Italia y en Estados Unidos. Los Rodríguez Orejuela eran conscientes de esto, no sé si por concepto elaborado o por instinto, pero la verdad es que sus hijos estudiaron en Estados Unidos y sus capitales estaban siendo legalizados a partir de megaempresas como Drogas La Rebaja, que llegó a generar 7.000 empleos directos. No llegaron a tener voceros políticos propios sino "alquilados", y fue cuando se metieron en lo que hoy se conoce como el proceso 8.000. Pero ahí fue donde fallaron, pues se les derrumbó el proyecto. También lograron convencer a los colombianos de que, por contraste con Pablo Escobar, ellos eran una especie de delincuentes decentes. Entonces claro, asumir el costo de combatirlos no era fácil. La primera prevención que se enfrentó fue la idea de que la Policía, en esa lucha, iba a convertir a Cali en un nuevo Medellín. Es decir el escenario de una guerra narcoterrorista. Y ahí, por razones instintivas, la gente al principio se negó, sintió rechazo. Pero después colaboró abiertamente.

Elementos importantes para Inteligencia

LA INTELIGENCIA SE MUEVE a partir de la información. Esa es su materia prima. En la medida en que un servicio de Inteligencia tenga la capacidad, no sólo para recibir sino para procesar esa información, sobre bases establecidas, hay resultados. Lo difícil es montar el sistema para depurar la información, filtrarla, procesarla y dirigirla sobre el objetivo que se está buscando. El elemento clave, además de la parte técnica, es la confianza. Un servicio de Inteligencia que no inspira confianza está abocado al fracaso. Desafortunadamente la Inteligencia está ligada en el imaginario a unos prejuicios que vienen de la "guerra fría", de la barbarie de regímenes totalitarios en donde la Inteligencia se volvió enemiga de la población. Por eso cada vez que se nombra la palabra Inteligencia muchos la asocian con la tortura y los interrogatorios.

El esfuerzo de estos cuatro años fue sacar la Inteligencia de las cavernas sobre la base de que el nivel de secreto en el mundo está desapareciendo. Nosotros ponemos un ejemplo a nuestros colegas que es muy revelador. Hace diez años los países tenían equipos de contraespionaje para determinar el arsenal militar del país enemigo. Hoy, un niño de 12 años que ingresa a Internet a la página de arsenales, sabe qué arsenal militar tiene cada país. Esto indica que el secreto desapareció. Y eso significa en la práctica que el servicio de Inteligencia debe ser transparente, debe estar conectado con la sociedad y no aislado. Inteligencia significaba tradicionalmente secreto, aislamiento. La gestión nuestra era contraria: la Inteligencia al servicio de todos de manera pública, con lo cual el nivel de información que recibimos es muy alto, el nivel de confianza es muy alto, y entonces el nivel de respuesta también es alto.

Desde el punto de vista de la doctrina, nuestra Inteligencia es el resultado de cuatro bases. Una escuela americana, que es difusa porque hay varias tendencias en Estados Unidos, en donde recibimos entrenamiento e información de la DEA, la CIA, el FBI y los servicios secretos. Cada una de estas agencias federales tiene una tendencia bien diferenciada de las otras. Tenemos influencia europea del servicio secreto inglés. También influencia de la Inteligencia militar del ejército aquí en Colombia, pues nuestra Inteligencia de la Policía nace en estrecha relación con la del ejército. Y tenemos también nuestros propios elementos. Hoy somos pioneros en la conceptualización.

Es la Inteligencia la que ha producido los resultados más grandes de los últimos años en la lucha contra el crimen, sin duda porque es una Inteligencia que quebró los paradigmas tradicionales: no creemos en el secreto sino en la transparencia, en la apertura. Creemos en la Inteligencia de la comunidad, algo que puede parecerle exótico a cualquier agente convencional. Los norteamericanos nos han ayudado de forma decisiva en el entrenamiento, y además han sido una especie de soporte moral, porque en el país hubo situaciones

tan complicadas que de no haber sido por la presión norteamericana difícilmente el país habría iniciado un proceso de
rectificación moral tan importante como el que puso en
marcha.

Contrainteligencia del cartel

EL PAÍS SE HA DEBATIDO siempre sobre un tema muy complicado que es el de cuántos frentes de guerra se pueden mantener abiertos al mismo tiempo. Normalmente teníamos el frente de la guerrilla y el del narcotráfico, repartido este último entre Escobar y los Rodríguez Orejuela. Pero los Rodríguez tuvieron la habilidad de ir generando un estereotipo de Pablo Escobar hasta convertirlo en el ser más peligroso de la tierra y con más muertos en la espalda, lo que además era verdad.

Mientras nosotros librábamos la guerra contra Escobar, el cartel de Cali crecía a la sombra, sobre la base de no ser el enemigo principal. Eso les permitió crear unos canales de penetración y filtración muy importantes y que eran su mayor fortaleza, con una forma bastante efectiva de corromper.

La corrupción fue la fuente básica de su contrainteligencia. Además sus comunicaciones eran de la más alta tecnología, lo que en muchos casos hacía imposible que fueran detectados con nuestros equipos. Bien por telefonía normal como por telefonía móvil, o por sistemas seguros de comunicación vía fax. Probablemente ese fue el eje de su seguridad, las comunicaciones de última generación. Recuerdo que una vez les decomisamos un equipo de Inteligencia tan sofisticado que ni la CIA lo conocía.

En cuanto a sus empleados y familiares, los Rodríguez Orejuela impartieron instrucciones jurídicas muy precisas sobre los requisitos legales para hacer un allanamiento. En una ocasión encontramos copia de estas instrucciones y estaba todo muy bien explicado paso por paso: los agentes tienen que golpear, identificarse antes de entrar; tiene que venir la Fiscalía con un procurador, en fin, todo muy detallado.

Otro de sus grandes ases en materia de contrainteligencia fueron las compañías de taxis. Ellos habían descubierto, con gran viveza, que el taxista era una fuente de información natural con muy poco riesgo de ser detectada. Entonces compraron taxis y los dieron a conductores para que los pagaran en 60 meses sin intereses. Además les ofrecían talleres en donde les arreglaban las llantas y les hacían la mecánica gratis. Algo increíble. Cuando comenzamos a desarticularles estas redes encontramos vehículos taxis con beeper, radio de comunicaciones y celular, en una época en que eso no estaba tan difundido. También supimos que algunos taxis eran importados con motor de persecución. En una oportunidad dos taxis se estrellaron para evitar que el Bloque de Búsqueda siguiera su marcha. Cuando el Bloque se movía se disparaban las alarmas porque algún infiltrado o vecino lo hacían saber, y todos se ponían en disposición de defensa.

Quien nos dio la información de los taxis fue una persona que habló conmigo y me dijo que lo hacía porque a un hijo le habían inyectado un medicamento letal dado por ellos a través de su madre. Lo hicieron porque los consideraban traidores, suponiendo que trabajaban para nosotros.

José Santacruz Londoño, "don Chepe"

EN LAS CAPTURAS suele haber mucho trabajo y algo de buena suerte. Y suerte fue la que tuvimos para la captura de José Santacruz Londoño, alias "Chepe". Los informes de Inteligencia, la detección electrónica y algunas llamadas de informantes anónimos nos llevaron a demarcar un territorio muy preciso al norte de Bogotá, entre las calles 100 y 116, en los alrededores de la avenida Diecinueve, en donde sabíamos que se encontraba desde hacía cerca de dos meses realizando algunos negocios para adquirir liquidez monetaria con la cual pensaba salir del país. Entonces desplegamos por la zona a varios agentes de Inteligencia, en parejas, los cuales debían realizar vigilancias diarias en los lugares a los que sabíamos que él podía acudir.

Por esos días Santacruz se sentía muy tranquilo en Bogotá, pues la prensa había hecho pública la noticia de que el ejército lo estaba buscando cerca de Cali por la vía que conduce al mar, en la Costa Pacífica. Esto lo llevó a confiarse, a bajar un poco su nivel de seguridad. Entre sus lugares preferidos estaban los restaurantes de carne asada, ya que esa era una de sus debilidades. Pues bien, cada día, a la hora del almuerzo y de la comida mandábamos varias parejas de agentes a esos restaurantes. Hasta que recogimos los frutos, pues la noche del 4 de julio de 1995, a las 19:30 horas, los oficiales de Inteligencia que estaban de vigilancia en el restaurante Carbón de Palo, en la avenida Diecinueve, lo reconocieron. En este operativo actuaron los mejores hombres de Inteligencia, jóvenes de 25 años a quienes identificamos como Niko, John Jairo y Juan Carlos.

Niko y sus compañeros estaban sentados en una de las mesas del restaurante cuando vieron a una persona que respondía al perfil físico de Chepe Santacruz. Luego empezaron a hacer el reconocimiento de forma minuciosa, comenzando por la estatura y los rasgos. A pesar de presentar algunos cambios con respecto a las fotos que teníamos de él, tales como una barba incipiente y canosa, Niko concluyó que podía ser José Santacruz. El sospechoso estaba en una de las mesas centrales acompañado por tres personas que luego identificamos como Édison Urrego Llanos, Carlos Julio Cardona y Javier Acevedo Montoya. Niko observó que entre el sospechoso y los tres hombres existía la típica relación de pleitesía que se da en los medios mafiosos, es decir que los hombres reían exageradamente con las bromas del jefe, le hacían venias y pasaban en un segundo de la carcajada al miedo. Este es un tipo de relación difícil de encontrar entre familiares, amigos o colegas de trabajo, y para nosotros siempre supuso una pista.

En cuanto a la ropa, el hombre llevaba un pantalón y una chaqueta de bluejean que no llamaba la atención. Pero había un detalle: no llevaba calcetines. Esto fue lo que convenció a Niko de que se trataba de Santacruz, pues si bien en Cali es muy normal usar zapatos sin calcetines, en Bogotá es algo insólito. Sabíamos además que Santacruz sufría de psoriasis, lo que lo obligaba a evitar al máximo el contacto a presión de ciertos tejidos sobre la piel.

Convencidos del reconocimiento, Niko y sus compañeros pagaron la cuenta y salieron del restaurante para llamar refuerzos. Pero había que tomar muchas precauciones: no se sabía qué operativos de seguridad podía haber en torno al restaurante, y por eso Niko caminó hasta la calle lateral y entró al portal de una tienda de ropa. Desde allí, con su celular, me llamó a mi oficina y me dijo que lo había encontrado. Yo estaba en una reunión con Murcia, Montenegro y Barragán, precisamente evaluando las acciones posibles contra Santacruz, y por eso cuando recibí la información salté de la dicha. Bueno, una dicha teñida de nervios pensando como siempre si en verdad sería él. El reconocimiento para nosotros fue eterno.

Entonces le dije a Niko que esperara afuera, que ya mismo le mandaba algunos hombres para que efectuara la captura. Pensé que no sería bueno enviar a las patrullas de la Subestación del Chicó, pues estas llegarían de forma ruidosa, poniendo en peligro el operativo. Con esa idea decidí jugármela con un perfil bajo y llamé a mi casa, que es muy cerca del restaurante Carbón de Palo, pensando en enviarle a Niko los escoltas de mi mujer. Así lo hice, pero esa noche sólo había dos escoltas. Decidí mantener el plan y para allá se fueron. Entonces intervino la suerte, pues resulta que no sabíamos que hay varios restaurantes Carbón de Palo sobre la avenida

Diecinueve. Uno de los escoltas llamó a mi mujer y le preguntó por teléfono:

—¿Cuál Carbón de Palo, doña Hilde? Es que hay dos, uno al frente del otro.

Ella le contestó de un modo muy sencillo:

—En el que compramos la carne los domingos.

Y de pura chepa era justo en ese donde estaba Santacruz. Pero hubo otro problema: cuando Niko vio llegar a los escoltas no estaba seguro de que fueran agentes de la Policía, pues obviamente no llevaban insignias y él no los conocía. Sin embargo se les acercó y les dijo: "Yo trabajo para el general Serrano". De inmediato se les explicó el operativo que ya Niko y sus compañeros habían planeado. Eran sólo cinco hombres de nuestra seguridad.

Niko y sus agentes desenfundaron las armas y las colocaron a media pierna para no crear pánico entre los clientes y para evitar ser reconocidos por la seguridad de Santacruz. Sólo entonces entraron al restaurante. Dos de los hombres se fueron a cubrir las puertas de salida, y Niko se acercó despacio a la mesa del sospechoso. Cuando Santacruz levantó el tenedor para llevarlo a la boca, Niko le hundió la pistola entre las costillas.

—José Santacruz, ¡está detenido! –le dijo, y agregó–: Si hay bala la primera será para usted.

—Tranquilo, muchacho –respondió Santacruz. Luego levantó las manos y dejó caer el tenedor.

Ahora debían salir. Mis hombres estaban muy nerviosos pues existía la posibilidad de que la seguridad de Santacruz armara una balacera dentro del restaurante, pero no había otra opción. Y lo peor: tampoco se sabía qué había afuera. Niko y los otros lo llevaron hacia la salida con la pistola bien clavada en las costillas, y antes de llegar a la puerta vino un nuevo contratiempo. Uno de los meseros, que no se había dado cuenta de lo que estaba pasando —en el restaurante casi nadie lo notó— se acercó con la factura de Santacruz.

—¿Y esto quién me lo paga? —preguntó

Al acercarse el mesero vio lo que estaba pasando y retrocedió. Niko y Juan Carlos, sudando frío, le mostraron la identificación y le hicieron un gesto para que se calmara. Luego Niko le entregó su billetera y le dijo:

—Ahí hay plata.

El joven sacó 47.000 pesos, que era lo que se debía. El mesero se fue para la caja pálido.

Al empujar la puerta del restaurante y salir a la calle con Santacruz, Niko pensó que podría empezar la balacera y tensó los músculos. Era posible que alguien hubiera avisado desde adentro y que los estuvieran esperando.

Entonces gritó:

—¡Cúbranme! —al tiempo que corría con Santacruz hacia el carro.

El grito de Niko iba dirigido al Espíritu Santo, pues afuera no tenía ningún cubrimiento que lo apoyara.

Nunca supimos qué pasó en las filas de la seguridad de Santacruz, pero el caso fue que llegaron hasta el campero Mitsubishi, subieron, se pusieron en marcha y al poco rato me llamaron al celular.

—Cumplida la misión, mi general —dijo Niko—. Ya lo llevamos.

Yo estaba muy nervioso y les pregunté qué ruta iban a tomar para llegar hasta la Dirección General, pero ellos me dijeron que todo estaba bajo control. Varias veces estuve a punto de llamarlos para saber por dónde iban, hasta que me llamaron desde la Veintiséis, a donde salió un refuerzo a esperarlos. Cuando escuché las sirenas por la avenida Eldorado di un respiro. Ya lo traían. El tercer hombre del cartel de Cali, Chepe Santacruz Londoño, estaba en nuestro poder.

Durante ese tiempo de zozobra me tomé tres vasos de agua, la mejor manera de calmar la angustia. Luego llamé al presidente Samper y le informé de la captura. Él casi no me cree por la espectacularidad de la acción, aunque no fue del todo una sorpresa porque en una reunión a mediodía ya le había anunciado que estábamos cerca.

¿Quién era Chepe Santacruz?

José Santacruz Londoño había nacido el 1 de octubre de 1943 en Cali, era ingeniero eléctrico y su profesión declarada en el momento del arresto fue la de comerciante. Era considerado el jefe más violento del cartel de Cali y su aporte a la organización fue la creación de una red de transporte de cocaína hacia los mercados externos, sobre todo Estados Unidos. Trabajó mucho en la producción, distribución y lavado de dólares.

De él sabíamos que tenía un gusto especial por mantener buenas relaciones familiares, que era aficionado a los caballos de paso, a la ganadería y a la construcción. Como fachada para el blanqueo del dinero usaba el negocio de finca raíz. Sus empresas, por lo general, eran manejadas por su esposa Amparo y su hija Ana Milena.

Además de ese núcleo familiar, Chepe Santacruz mantuvo relaciones amorosas con diferentes mujeres a las que agasajó con excelentes apartamentos, que le servían, ocasionalmente, de escondite. En cuanto a sus amantes, estas tenían un denominador común: no ser muy bellas. Algo que contrastaba con el gusto de otros narcotraficantes de su nivel.

En cuanto a su carácter sabíamos que era una persona jovial, expresiva, a veces charlatana. Impulsivo aunque estricto, descuidado pero exigente, con un comportamiento muy contradictorio. De buen humor, eso sí. Un típico humor caleño. Luego de su arresto, tras tomarle los datos y hacer su ficha en la Dirección General, un grupo de agentes lo acompañó en un salón mientras llegaba la hora de la rueda de prensa. En esos minutos se creó un ambiente de tal distensión que incluso se contaron chistes. De repente un agente dijo que se sabía uno bueno pero que era muy verde, y Santacruz le respondió:

—No hay problema, si quiere yo me salgo.

Todos se rieron.

En ese momento lo que él más temía era que lo presentaran a los medios. Le prometí medio minuto y me agradeció. Ese tiempo nos bastó para que el mundo se enterara.

Santacruz siempre se caracterizó por ser una persona sencilla, aun si le gustaba que sus residencias fueran lujosas. Desde el punto de vista médico era un hombre con graves complicaciones: sufría de cefalea, de disnea y herpes II. A eso se sumaba una psoriasis complicada, hipertensión arterial, miopía y una enfermedad coronaria con propensión al infarto, acentuado por altos niveles de colesterol y triglicéridos. Como si esto fuera poco, Santacruz presentaba niveles altos de ácido úrico en la orina, además de cálculos renales. Y de remate, algo que no sabíamos al principio, era que ya tenía diagnosticado un cáncer grave y bastante expandido que le daba más o menos un año de vida. Una situación médica complicada que permitirá comprender lo que fue su final.

En el momento de su arresto José Santacruz Londoño tenía una nutrida hoja de antecedentes judiciales. El 6 de septiembre de 1986, un juez del Circuito de Cali le había cancelado todas las órdenes de captura anteriores, pero pronto vinieron otras. El 16 de octubre de 1993 la Fiscalía Regional de Cali le expidió una orden de captura por terrorismo, y el 29 de septiembre de 1994 el Juzgado 1 Regional de Santa

Fe de Bogotá ordenó su captura por contravención de la ley 30/86 de estupefacientes.

Pero su historial era más largo y complejo. Santacruz Londoño inició su carrera delictiva robando carros e integrando la banda de los llamados "Chemas", dirigida por los hermanos Gilberto y Miguel Rodríguez Orejuela. Su iniciación en el tráfico de drogas se dio en los años 60 de la mano de Benjamín Herrera Zuleta, el legendario "Papa Negro de la Cocaína". Más adelante, "Chepe" fue el autor material del secuestro de dos ciudadanos suizos, el diplomático Hernan Buff y el estudiante Werner Joe Straessle. En 1971 estuvo detenido en San Salvador bajo la acusación de narcotráfico. Fue también catalogado como autor intelectual del secuestro del industrial Joaquín Lozada y de Carlos Eduardo Barón Fernández, secuestros que fueron realizados en Bogotá. También se le acusó del asesinato del ex gobernador de Antioquia, Antonio Roldán Betancur, el 4 de julio de 1989.

Más adelante, ya en 1990 y según informes de la DEA, los sicarios de José Santacruz Londoño asesinaron a un médico en Miami que colaboraba con la agencia norteamericana antidrogas. En 1991 fue acusado en Baltimore, EE.UU., del asesinato de John Shotto, ejecutivo de una compañía mercante que había denunciado las operaciones secretas del cartel de Cali para comprar una empresa de buques. Recuerdo que a finales de 1991 las FARC secuestraron a la hermana de

Santacruz, de nombre Cristina, y por su liberación pedían
12 millones de dólares.

A Santacruz se le probó su responsabilidad en el asesinato del periodista cubano-norteamericano Manuel de Dios
Unanue, hecho ocurrido en un restaurante de Nueva York.
El asesino, un joven de 18 años, fue condenado a cadena
perpetua, pero declaró que el autor intelectual del crimen
había sido Santacruz, quien habría pagado la suma de 30.000
dólares por el asesinato.

Santacruz desarrolló contactos a nivel internacional para
cuestiones ligadas al tráfico de drogas, especialmente en
EE.UU., Panamá y El Salvador. A nivel nacional creó bases
en Medellín, Pereira, Barranquilla y Cartagena. Fue, además, el autor del plan que le permitió al cartel de Cali apro-
piarse de los mercados de cocaína de Nueva York.

Tras su captura José Santacruz Londoño fue recluido en
la penitenciaría central de Colombia La Picota en Bogotá.

Fuga y recaptura de Santacruz Londoño

PERO LA CÁRCEL no es un buen lugar para un hombre de mala salud que tiene los días contados, como era su caso. Por sus múltiples enfermedades, Chepe Santacruz sabía que le quedaba poco tiempo de vida, y por eso estaba dispuesto a jugarse el todo por el todo. Y lo hizo: el 11 de enero de 1996 logró fugarse de la cárcel de un modo espectacular, tras una supuesta indagatoria ante un juez sin rostro.

Los hechos ocurrieron así:

A las dos de la tarde de ese día un vehículo blindado se presentó a la puerta del centro de reclusión. El automóvil, que llevaba vidrios polarizados, transportaba al supuesto fiscal y a los delegados que debían recibir la indagatoria de José Santacruz. Al entrar al recinto carcelario con la camioneta blindada los hombres se dirigieron al parqueadero designado para los vehículos de los fiscales sin rostro. Luego ingresaron al edificio por una puerta que llega hasta el cubículo habilitado para las indagatorias, que consta de dos espacios separados por un vidrio polarizado de seguridad: de un lado se sitúa el fiscal sin rostro y el delegado del Ministerio Público, y del otro lado el sindicado, un escribiente y sus abogados, los cuales no ven ni reconocen la voz del fiscal.

Chepe Santacruz fue conducido por un guardia hasta el cubículo de la indagatoria, y una vez allí, con la colaboración del supuesto escribiente, quitó el vidrio polarizado que separaba los dos salones. Del otro lado se reunió con sus cómplices y con ellos se desplazó hasta el parqueadero en donde se encontraba el vehículo blindado. Para el trayecto desde el cubículo hasta el auto Santacruz se disfrazó —se dice que se vistió de mujer—, y tras alcanzar el vehículo salió normalmente por el portón principal de la cárcel, dirigiéndose a un paradero desconocido.

Antes de volarse de la cárcel hizo una llamada que nos despistó por completo; pues Santacruz le dijo a su interlocutor lo siguiente:

"Qué hubo mompa, ¿van a abrir la oficina?", le contestaron, "sí señor, ¿cómo va vestida la secretaria?", le dicen "de rojo". Después de su fuga supimos que la clave expresada se refirió a la cárcel y el color del vestido era el color del vehículo en que se salió. Nos metió un golazo, pues nadie de inteligencia supo descifrar la conversación.

Ese día los Rodríguez y Santacruz almorzaron con sus abogados. Para mí, quien le ayudó en la fuga además de algunos guardianes, fue precisamente su abogado, Guillermo Villa Alzate. Este hombre sería asesinado meses más tarde en Cali, después de pagar una corta condena. El narcotráfico no perdona.

El 14 de enero, o sea tres días después de la fuga, le escribe la siguiente carta al Doctor:

Le pido el favor leer la carta dirigida al doctor Villa la cual le da las mismas explicaciones a usted, mil disculpas por los inconvenientes que le ha podido causar.

Le ruego continuar en colaboración con el doctor Villa en mi caso, tal como si no hubiera pasado nada excepto que va a tener menos trabajo porque ya yo no me encuentro preso. Ja, Ja, Ja. Le ruego el favor le haga llegar vía fax y luego el original de la carta del doctor Villa y además lo estoy autorizando presentarla en los casos que sea necesario ante las autoridades.

Le envío también unas cartas y un dinero para varios de mis compañeros, las cuales le pido el favor hacerlas llegar y recoger algunos comentarios que le pido a ellos me hagan que más adelante los mandaré a recoger o le indico a dónde me los envíe aquí en Caracas.

Es mi deseo que de alguna manera, de acuerdo con el doctor Villa, le hagamos llegar a los guardianes que injustamente están esperando la certeza que de parte mía les pagaremos los abogados y les giraré el doble del valor de su sueldo mientras se encuentren detenidos. Pienso que esto debe hacerse de una manera inteligente. Porque de lo contrario se perjudicarán más.

Mi querido doctor, por sus honorarios no se preocupe los cuales le llegarán en la misma forma en que me fui de La Picota. De repente. Un abrazo, José Santacruz Londoño.

La noticia fue una bomba. Cuando el director del INPEC me informó de la fuga salté del asiento y lancé una frase que nunca uso: "¡H P!" Conmigo estaban dos periodistas, Vicky

Dávila de QAP y Alirio Bustos, de *El Tiempo*. Yo sólo atiné a irme de prisa para la oficina del general Montenegro. Al verlo le dije en tono grave:

—Se nos voló Santacruz.

Además de la frustración debíamos soportar un nuevo descrédito, pues a la memoria de todos vino la fuga de Pablo Escobar. Había que comenzar todo de nuevo, desde cero.

¿Qué hacer?

De inmediato impartí una serie de instrucciones a diferentes secciones de la Policía Nacional que permitieran empezar a trabajar en la recaptura. Las órdenes dadas al Bloque de Búsqueda y a los comandantes de Departamento fueron las siguientes:

—Ejecutar operaciones masivas de registro y control en las áreas de influencia del narcotraficante.

—Efectuar de manera sistemática operaciones de desarme, control de equipos de comunicación, vehículos blindados y motocicletas de alto cilindraje.

—Promover la colaboración ciudadana y la participación de las autoridades locales en las tareas de búsqueda del narcotraficante.

—Colaborar activamente en el esclarecimiento de los hechos que rodearon la fuga del narcotraficante.

—Efectuar los controles necesarios sobre el grupo de asesores, colaboradores y socios reconocidos de José Santacruz Londoño.

—Centralizar la información disponible sobre antecedentes del fugitivo.

—Responder por la explotación de la información suministrada por la red de informantes de los servicios de Inteligencia policial.

—Elaborar los análisis y proyecciones de los efectos y repercusiones de la fuga.

—Activar el proceso de recolección de Inteligencia Electrónica.

—Reactivar la identificación y localización de los integrantes de la organización dirigida por José Santacruz Londoño.

—Efectuar las verificaciones y procedimientos que se originen como resultado de la información obtenida a través de la línea efectiva.

—Diseñar y ejecutar planes masivos de difusión sobre el ofrecimiento de la recompensa.

—Establecer coordinación permanente con la Fiscalía General de la Nación, Procuraduría y demás autoridades con el propósito de garantizar la transparencia y legalidad de los procedimientos de allanamiento, registro y control.

Diseñamos, entonces, la estrategia de búsqueda basada en varios puntos. Uno de ellos era el control de los allegados del mafioso, es decir de los familiares y amigos que lo habían visitado en la cárcel en los últimos dos meses. Como decía antes, partimos de la base de que sus abogados, especialmente Villa Alzate, estaban informados del proyecto de fuga, e incluso de que hubieran colaborado con él.

Otro aspecto que debíamos estudiar fue el de los médicos que certificaron la situación de salud de Santacruz Londoño, lo que sirvió de fundamento para la petición del traslado carcelario. Los médicos que hicieron estas certificaciones fueron el doctor Antonio Dáger, cardiólogo del Centro Médico Clínica de Occidente de Cali, y el dermatólogo J. Betancourt Osorio, también de Cali.

Otro elemento fue la afinidad entre Santacruz y el capo Hélmer "Pacho" Herrera Buitrago, quien se supone ayudó a Santacruz en su fuga. La acción de recaptura debía ir dirigida de modo similar contra ambos. Para abordar la investigación sobre el método utilizado para escapar, era indispensable que la Dijín integrara un equipo de Policía Judicial que iniciara las diligencias desde la misma cárcel, estableciendo realmente cómo se había producido la fuga y cuáles fueron los funcionarios responsables.

Las investigaciones comenzaron en todas las áreas y pronto empezaron a dar frutos. El 13 de enero, dos días después de la fuga, recibí el siguiente informe de Inteligencia:

"El día 10 de enero de 1996, un día antes de la fuga de alias CHEPE, en una de las organizaciones de narcotráfico controladas se obtuvo una información en la que un sujeto identificado como Javier Díaz Torres, alias CHOCO (...) enviaba un mensaje que textualmente decía: 'Por favor me conteste la llamada que tengo un problema. Su amigo no aparece por ningún lado' ".

El día 11 de enero de 1996, es decir el día que se fugó José Santacruz Londoño, a las 18:48 horas, se obtuvo un mensaje enviado que decía: "Favor comunicarse con CHEPE al 225 50 14" (correspondiente a la dirección calle 77A nº 56-44, int. 5, apto 309).

Revisada la información que contenía la agenda electrónica decomisada a José Santacruz durante su captura, apareció en uno de sus apartes el nombre de Joel, con los siguientes datos: 320 08 66-2040 beep, secretaria 225 71 89-210 91 52-285 21 02. Verificado el primer teléfono, es decir el 225 71 89, se encontró que corresponde a la misma dirección (calle 77A nº 56-44, int. 5, apto 309).

En la clandestinidad Chepe le envió al Doctor la siguiente carta inédita, donde se burlaba de nosotros pues nos recordaba la captura en el Carbón de Palo:

Querido amigo: en el poco tiempo que compartimos juntos, esa desgracia de estar en la cana, uno aprende a conocer las personas un poco más y ver el lado bueno y malo que todos tenemos.

Bueno, fueron muchos los días que nos reíamos, hablamos güevonadas, y pasamos ratos realmente agradables que hacen ese encierro mucho más llevadero, los malos sí fueron más fáciles de recordar: la cagadera que se te pegó del Enano, pero los tuyos con un buque especial para gallinazo.

Hace dos días, prendí la TV y pensé que iba a comenzar una telenovela llamada el Papi, pero al rato me di cuenta que se trataba de tu llevada a la clínica, la cual espero Le haya salido bien.

Con el ánimo de no perder esa amistad y antes al contrario ojalá que se pueda agrandar te quiero recordar el compromiso de que hablamos de no irle a tirar a Sejo y puedes estar tranquilo que tampoco permitiré que él vaya siquiera a pensar lo mismo con tu hermano.

Esto porque nos dimos cuenta de que le estaban averiguando los teléfonos y la ubicación por lo que a mí se me hizo raro y a cualquiera. Ya hablamos Pacho, yo y el mismo Sejo por medio del Dr. Cachetes con don Orlando y le comunicamos nuestra inquietud el cual nos dio las explicaciones del caso, las cuales deben de suspenderse para evitar malos entendidos y con el compromiso hecho contigo de que todo se terminaba allí.

Te ruego que con el Dr. Cachetes nos envíes el OK y así estemos todos tranquilos. La gente seria queda poca y no es posible que entre nosotros nos estemos acabando en vez de pelear con un enemigo común como es el gobierno o los EE.UU.

Bien mompa, sobra decirle que cualquier cosa que se le
ofrezca y usted vea que le puedo ser útil dígamelo que con
todo cariño, allí estaré. Inclusive le puedo manejar el DPTO.
de pelles aquí en la calle.

Le agradezco mucho porque usted fue la única persona que vio con buenos ojos mi salida y realmente no entien-
do la posición de los otros compañeros. Aquí en la calle todo
el mundo me felicita y se alegra.

Espero que ojalá pronto te resuelvan el problema de la
Sra. y así puedas estar más tranquilo, pues te vi muy angus-
tiado los últimos días, el saber que los niños están con su
mamá todo el tiempo.

Salúdame al niño y dile que ya comí en Carbón de Palo
otra vez. Un abrazo, José.

En esta carta se menciona a José Alcides Loaiza alias
"Sejo", quien era un familiar de Henry Loaiza y manejaba
el aparato militar y sicarial. Luego apareció muerto en
Barranquilla.

El 18 de enero de 1996, un segundo informe de Inteligencia estableció cuáles eran los objetivos que José Santacruz se
proponía lograr. El primero y lógico era el de garantizar su
seguridad personal, para lo cual conformó un grupo armado de 12 sicarios. En segundo lugar contrató los servicios de
un sujeto conocido por el apelativo de "Cuco", un experto
en explosivos. La idea de Santacruz, según este informe de

alta confiabilidad, sería reactivar una serie de acciones terroristas dirigidas contra el fiscal general de la Nación y su familia, el director y subdirector general de la Policía Nacional y algunos funcionarios de la delegación diplomática norteamericana en Colombia. Tuvimos conocimiento, por lo demás, de que en la ciudad de Bucaramanga la organización de Chepe Santacruz había transportado un artefacto explosivo que el informante denominó con el nombre de "bomba piña", la cual, según la información, estaba destinada a atentar contra la familia del fiscal Alfonso Valdivieso.

Según esa misma fuente supimos que el propio cartel de Cali estaba preocupado por las acciones violentas que pudiera iniciar Santacruz Londoño.

En cuanto a los negocios, se pudo determinar que Santacruz inició una serie de contactos para establecer alianzas con el denominado cartel de la Costa Atlántica.

Por esos mismos días, con fecha 13 de enero de 1996, Santacruz Londoño envió una carta al fiscal general en los siguientes términos:

A pesar de la absoluta voluntad de mantenerme sometido a la justicia colombiana y prestarle toda la colaboración posible, quiero manifestarle el inconformismo que me ha acompañado desde el momento de mi captura por los atropellos y violación de derechos a que fui sometido por la llamada justicia sin rostro; no sólo estoy siendo investigado por delitos que no he cometido, sino que fui reducido a la impotencia e indefensión, con las consecuentes injusticias que esto genera.

Sé de las intenciones dañinas del gobierno, que presionado por los Estados Unidos pretende implantar nuevamente la extradición de colombianos; no deseamos generar acciones violentas como las usadas por Pablo Escobar en las cuales perdieron la vida miles de ciudadanos inocentes, pero tampoco aceptamos más atropellos, menos que pretendan utilizar nuestros procesos como condiciones en las relaciones políticas y comerciales de Colombia con Estados Unidos.

La Policía, en cabeza del general Serrano, no puede continuar con los abusos, merecemos un trato digno, un debido proceso y soy inocente hasta tanto la justicia no diga lo contrario. Fui objeto del show más humillante al que se puede someter a un ser humano; frene estas acciones absurdas de persecución y abuso contra nuestras familias y amigos, pues no sabemos hasta dónde vamos a aguantar. Además, tampoco entendemos el porqué se centró la persecución en nosotros, cuando no solamente en el Valle sino en otras partes de Colombia hay narcotraficantes.

Frente a unas condiciones favorables, con todas las garantías establecidas por la ley y mi permanencia en la cárcel de máxima seguridad de Palmira, estoy dispuesto a someterme a la justicia y a entregarle información que conduzca al esclarecimiento de muchas de las investigaciones a su cargo, la cual contribuirá sin duda alguna a mostrarle a Colombia y al mundo algunas verdades.

Conozco las influencias y capacidades de mis amigos Miguel y Gilberto y he sido testigo de las innumerables gestiones que han realizado para hacer soportable esa situación, sin embargo después de mucho pensar y de ver un panorama tan incierto, he tomado esta decisión, aun sabiendo las graves consecuencias que esto les puede generar y de los riesgos que mi vida y la de mi familia comienzan a correr. Ellos me entenderán, pues mis preocupaciones personales y familiares van más allá de unos compromisos que finalmente no se cumplieron.

Espero que por su conducto se garanticen los derechos fundamentales de los ciudadanos consagrados en la Constitución Nacional, se eviten los abusos de las autoridades y no se tomen más medidas absurdas, que lo único que pueden generar son situaciones lamentables para los colombianos.

José Santacruz Londoño
c.c. 14'433.230

En esta carta Santacruz dejaba entrever, además de su malestar contra la Policía y contra mí, la posibilidad de entrar a un esquema terrorista similar al que usó Pablo Escobar, y que seguiría el siguiente nivel de acción:

1) Terrorismo de distracción (con relación a su fuga, buscando campos de acción y confusión de las autoridades).

2) Terrorismo intimidatorio y selectivo (contra objetivos determinados, especialmente contra quienes lideran la lucha contra el narcotráfico).

3) Terrorismo indiscriminado (posterior a la fase precedente, buscando un gran impacto nacional).

4) De otra parte, es visible que el tema del sometimiento a la justicia podría conllevar la implementación de una estrategia similar a la utilizada por Pacho Herrera, buscando distraer a las autoridades y bajar la presión de los procedimientos en su contra.

La insinuación de "temor" respecto a los hermanos Miguel y Gilberto Rodríguez Orejuela y su referencia a "unos compromisos" orientaría el mensaje a hechos registrados al interior de la organización de narcotraficantes, no descartando que los Rodríguez pudieran emprender acciones contra Santacruz y su familia. De hecho, esta hipótesis podría suponer que existía un cierto enfrentamiento entre los narcotraficantes, máxime si se tiene en cuenta que Chepe Santacruz anuncia para su entrega el aporte de información que "esclarecería" las investigaciones.

En la búsqueda posterior de Santacruz Londoño, una vez más, fue vital la colaboración de los informadores espontáneos.

Uno de ellos, quien usó el pseudónimo de "Patriota", fue quien dio la clave. Su primera información fue suministrada el 26 de enero.

Dijo que formaba parte de un grupo de personas que no deseaban que Medellín volviera a ser víctima del narcoterrorismo, y que por eso colaborarían con la Policía. Habló siempre en plural y aseguró estar en condiciones de localizar a Chepe Santacruz. La primera información se conoció el 29 de enero. El Patriota reporto que las personas que suministraron el apoyo logístico para la fuga de Santacruz habían sido Jairo y Armando Vélez, y afirmó que era muy posible que el narcotraficante se hubiera desplazado a Medellín. Agregó que Pacho Herrera había sido contactado para brindar seguridad a Chepe Santacruz en la capital de Antioquia, y se conoció que alias Joel era el encargado de esa seguridad.

Tras esta información se intensificaron las acciones de búsqueda en Medellín, y pronto supimos que José Santacruz se encontraba en el área de La Ceja, Antioquia.

El 15 de febrero se estableció que Chepe se estaba desplazando en un área comprendida entre Llano Grande y El Poblado, en la región metropolitana de Medellín, y que probablemente cumpliría una cita con alguien desconocido, cita de la que no se tenía mucha información. Por ello el Patriota sugería que era importante bloquear y controlar todas las vías aledañas a la zona. Agregó que el "objetivo" se movilizaba en un vehículo campero Samurai de color rojo con placas MLV-953.

Una vez obtenida la información atinente al lugar en donde se encontraba el prófugo, ordené desde Bogotá una operación envolvente para localizarlo.

Y así se hizo.

El vehículo fue detectado en la zona de la vía Las Palmas, a la altura de la discoteca Britania. Al dar con él, los agentes observaron que el Samurai de Santacruz iba acompañado por otro automóvil de color blanco. Eran sin duda sus guardaespaldas. De ese automóvil, en el momento, no pudimos tener más datos, pues su aparición se dio en pleno seguimiento. La velocidad, las condiciones atmosféricas y de visibilidad –lloviznaba–, impidieron tener más identificación de ese automóvil. Además, nuestros agentes estaban concentrando toda su atención sobre el vehículo en el que viajaba Santacruz. Una vez interceptado el Samurai rojo, los tripulantes del carro blanco –cuatro personas– comenzaron a disparar contra la patrulla del GOES (Grupo de Operaciones Especiales). Hubo intercambio de disparos y luego ese vehículo escapó. Al desaparecer los guardaespaldas, los agentes se concentraron sobre el Samurai, que aceleraba y disparaba al mismo tiempo. Pero pasados unos minutos lograron cerrarlo y el Samurai fue a dar a una cuneta, ya inmovilizado.

Posteriormente se coordinó con la Fiscalía y la patrulla de criminalistas de la Sijín para hacer el levantamiento. Iniciada la diligencia de inspección al cadáver se pudieron establecer rasgos diferenciales que quedaron registrados de este modo: características morfofisiológicas de contextura y rostro, marcas de psoriasis en los brazos y abdomen, similares a las del prófugo José Santacruz Londoño, con rasgos similares a los aparecidos en los carteles de búsqueda televisados y en las fotografías de prensa. En el bolsillo de la camisa se encontró una cédula de ciudadanía con la fotografía del mismo individuo, pero con un nombre diferente: José Genaro López Atehortúa, con el número 14'880.420 de Buga, Valle.

La identificación dactiloscópica y la necrodactilia, enfrentadas por el técnico criminalístico, comprobaron que efectivamente se trataba de José Santacruz Londoño, lo cual sirvió para que la necropsia se registrara con este nombre, anulando la duda al momento de la inspección del cadáver.

Yo recibí la llamada del comandante de la Policía Metropolitana de Medellín, confirmándome la muerte de Santacruz la noche del cinco de marzo de 1996, a las 23:15 horas. En ese momento me encontraba en el Club Militar en una cena de aniversario de la Policía Antinarcóticos, a la cual asistían los ex directores de este organismo y también la viuda del coronel Ramírez Gómez a quien le rendíamos un homenaje. Como dijimos, el coronel Ramírez fue asesinado por Pablo Escobar.

Como era lógico, muy pronto (el 11 de marzo) tuvimos noticia de que la mafia del narcotráfico planeaba acciones de retaliación contra la Policía en venganza por la muerte del capo.

Así supimos, por varias fuentes, que se estaba creando un grupo sicarial similar al de "Los Chemas", la banda delictiva organizada en 1969 por Luis Fernando Tamayo García, José Santacruz Londoño y otros amigos suyos, es decir los mismos que ahora eran grandes jefes mafiosos. Pero en esta oportunidad se trataba de contar con una estructura armada especializada para realizar atentados terroristas y homicidios selectivos o colectivos en defensa de los intereses del cartel.

Poco después pudimos comprobar que el cartel había empezado a ofrecer recompensas de cien millones de pesos a quien suministrara información sobre la identidad de los oficiales que participaron en el operativo.

Después de su muerte, supimos también que Santacruz buscaba crear alianzas con grupos guerrilleros, para lo cual había entrado en contacto con los cabecillas del grupo Jaime Báteman Cayón, ofreciéndoles ayuda económica a cambio de que incluyeran en los temas del diálogo con el gobierno aspectos que fueran favorables a los narcotraficantes. También se comprobó que había hecho contactos con grupos de milicias de la guerrilla que operan en el área metropolitana de Medellín.

La venganza contra los miembros de la Policía registró varios hechos: el día 7 de marzo, a las 20:20 aproximadamente, delincuentes que se movilizaban en dos vehículos tipo campero atacaron con una granada e hicieron varios disparos de calibre 9 mm al CAI del barrio Rincón de Suba, a las afueras de Bogotá. Este atentado podía interpretarse como una primera reacción de los capos. A esto se sumaron las agresivas declaraciones del abogado Guillermo Villa Alzate, dirigidas a generar desconfianza hacia la Policía Nacional y a crear "causas justificativas" de futuras acciones por parte de los narcotraficantes. Me acuerdo que hice un pronunciamiento fuerte contra Villa, diciendo una frase por TV y radio: "Los pájaros tirándole a las escopetas".

A los Rodríguez les dolió la muerte de Santacruz y a mí me quedó la duda de si ellos le ayudaron a volarse del pabellón de alta seguridad. Pero lo digo sinceramente: para los narcos no hay alta seguridad porque ellos corrompen lo que se les ponga por delante. Por eso, para mí, cuidarlos es una pesadilla casi peor que la de tener que capturarlos.

No olvidemos que uno de los extraditables, Asprilla, seguía traficando a pesar de estar preso en Cali. A él nos tocó capturarlo dos veces: una por enviar droga por la ruta de Buenaventura, y otra por continuar haciendo lo mismo mientras estaba preso. Cuando la muerte de Santacruz, se presentó un episodio sobre el cual pido excusas. Resulta que esa noche me llevé a los generales de la Policía para la Casa de Nariño, para informar detalles de la operación y participar en la rueda de prensa presidida por el señor presidente. Filmaron el acto mientras brindábamos whisky en mano, y soy consciente que de esa manera ofendimos a algunas personas, cosa que no teníamos intención de hacer porque en este proceso de lo que nos cuidamos fue de no humillar a nadie. Esto nos sirvió de experiencia y sé que los que nos siguen no lo repetirán.

El gobierno y las capturas

El gobierno y los caminos

UNA DE LAS COSAS importantes fue que las capturas vinieron en los topes de las crisis. Dos días después de que el ministro Fernando Botero Zea denunciara los hechos conocidos de la campaña y el dinero del cartel de Cali, agarramos a Miguel Rodríguez Orejuela. Todas fueron capturas que, sin proponérnoslo, estaban salvando al gobierno. Yo fui muy amigo de gente que estaba tomando decisiones muy importantes y que por su calidad no podían ser parcializados. Mi paisano Alfonso Valdivieso, por ejemplo, muy amigo de la familia. Yo tuve su apoyo durante todo el proceso de capturas. Pero con el 8.000 Valdivieso se le convirtió en una piedra en el zapato al gobierno. Eso era bueno y malo para mí.

En medio del problema yo seguí en lo mío, cumpliendo con mi deber. Surgieron, por ejemplo, peleas grandes entre el gobierno y el embajador de Estados Unidos, Myles Frechette. Yo, siendo amigo de Frechette, logré mantener la imparcialidad. En Washington salió Robert Gelbart a despotricar contra el gobierno y el presidente, y yo, de alguna manera, seguí siendo solidario y amigo del Gobierno norteamericano y al mismo tiempo funcionario de libre remoción en Colombia.

Esa actitud sirvió para que el proceso siguiera adelante. Yo todavía no sé cómo hice. Algunos decían que si era mago. No sé. Tuve muchos inconvenientes, cosas que a mí no me dijeron directamente pero que yo supe. Recuerdo cuando despedí a Frechette. Él soltó una lágrima de nostalgia en la despedida y luego se publicó una foto de ese momento. Yo me dije "hasta aquí llegué", pues este hecho podría volverse en mi contra debido a las tensas relaciones entre el gobierno y Frechette. Claro que yo le había advertido al presidente.

—Voy a despedir a Frechette —le dije días antes—. Él ha sido un buen amigo mío y de la Policía.

Sin embargo el escándalo con la foto fue enorme. En la despedida que le organicé en el Salón General Santander, de la Dirección de la Policía, asistió también el industrial Carlos Ardila Lulle.

Yo actué siempre con mucha independencia y respaldo en el manejo del tema de la lucha contra el cartel. No para abusar ni para perjudicar a nadie, sino todo lo contrario. Lo que sucede es que la dinámica que imponen las investigaciones de narcotráfico es la de la absoluta reserva. Yo pude ser muy independiente gracias a los buenos resultados, pues los del gobierno de Samper decían: "La Policía nos ha salvado pero al mismo tiempo permite que nos den garrote". Era algo incómodo para ellos por la misma situación del país y del gobierno. Pero mi primer deber era capturarlos a todos.

Un hecho relevante en este proceso de capturas fue que el ministro Botero estuvo con nosotros en varios operativos. El más importante lo realizamos en el norte del Valle, desde Cartago hasta Tuluá, con el general Luis Enrique Montenegro, el Bloque de Búsqueda y cinco helicópteros de apoyo. En esta acción decomisamos armas y vehículos. También retuvimos a varias personas. Recuerdo que yo pensaba que el ministro, con esas acciones y con el manejo que le dio al tema, nos quiso impresionar para salirse del problema.

El presidente Samper creó lo que se denominó el club. Los lunes a las ocho de la noche se evaluaban las operaciones y ahí participaban varios ministros y los comandantes, el fiscal y el director del DAS, así como el ministro de Justicia de entonces, el doctor Néstor Humberto Martínez, quien se convirtió en un gran aliado.

En esa reunión hacíamos una evaluación permanente de las operaciones y los proyectos en ejecución, pero siempre sentía que si no capturabamos rápido al cartel, no sabía cuál sería mi futuro.

Vidas excéntricas

CADA NARCOTRAFICANTE de peso es diferente al otro, pero en lo que casi todos coinciden es en el gusto por las mujeres bellas, sean reinas, modelos o estudiantes en general. Para obtenerlas usan todos los ardides e intermediarios imaginables, y una de las fórmulas consiste en llegarles a través de otros jóvenes que están en el entorno de las muchachas. Ellos, con sus dólares, compran la voluntad de estas personas y las convierten en especies de proxenetas para que les hagan los contactos. Unos prefieren las modelos, otros las estudiantes, y de acuerdo con su edad y región las eligen. Ellas representan la personalidad de cada uno en las diferentes zonas de Colombia. Sin embargo la mayoría se ubica en partes tranquilas, en lugares turísticos donde no hay mucho inconveniente de orden público: Cartagena, Tolú, Girardot, siempre sitios tranquilos. En Guaymaral, Leonidas Vargas tenía en una de las habitaciones de su casa una mesa de partos para sus novias. Luego supimos que no era una mesa de partos sino un sillón francés para hacer posiciones sexuales.

El amor materno también se acentúa en ellos al punto de que las mamás son objeto de adoración. En Medellín decían: "Mamá hay una sola y santa. Papá puede ser cualquier hijueputa". Muchos hacían plata y morían, y no les importaba morir siempre y cuando la mamá quedara bien. Es una cultura de la madre.

Uno llegaba a apartamentos de 450 metros, pero con unos combinados y una pintura que discordaban. A veces tenían

obras originales de arte de artistas importantes, pero la decoración hecha a gusto de ellos los delataba, pues estaba hecha
sin ninguna combinación. Mejor dicho, combinaba más la
delantera de Santa Fe, que es mi equipo de futbol preferido.

La mujer juega un papel muy importante porque ella tiene un instinto mucho más desarrollado para saber qué es lo
bueno y qué es lo malo. Otra cosa curiosa es que todo el
mundo aceptaba que hubiera varias mujeres. En la mafia no
hay celos entre las mujeres, y no los hay porque saben que la
ruptura les supone perder el soporte económico. O, como ha
pasado algunas veces, se pierde la seguridad. Hay mujeres
que, cuando entran a ese mundo, están obligadas a quedarse, porque si se van, engañando o usufructuando al mafioso,
corren el riesgo de que las maten. Y es que generalmente las
mujeres de los mafiosos tienen muchos secretos, pues el hombre en la cama y con champagne habla mucho. Hay, además,
un cierto código de honor. La mujer que estuvo con un
mafioso no se puede ir con otro mafioso. Ha habido *vendettas*
por eso, porque la mujer de un mafioso se la jugó con otro
creyendo que no se iban a dar cuenta. Y eso es imperdona-
ble. En algunos casos no sólo entra la mujer sino también la
familia de la mujer, pues hay que estar bien con la suegra y
el suegro. Ellos usan, por lo demás, todos los elementos típi-
cos de un mundo desordenado: el cine rojo, las fotos porno-
gráficas, pinturas de desnudos. En cada pieza de mafioso hay
un desnudo, o jacuzzis con pasarela para desfiles privados

de mujeres desnudas. Había organizaciones que daban motivaciones especiales. Por ejemplo hacían una fiesta y rifaban un carro. Entonces unas iban por el carro. Cosas así.

Cuando Carlos Lehder cerró campaña, en la época del Movimiento Latino Nacional, hizo una manifestación en la Plaza de Bolívar de Armenia y la llenó porque rifaba una casa y porque daba una caja de arroz chino a cada persona que viniera. Recuerdo que después, cuando Lehder tuvo que salir corriendo, el dueño del restaurante vino a mi oficina a decirme que cómo hacía para cobrarle a Lehder una cuenta de diez mil arroces chinos.

Siempre buscaban gente de buena presencia y de buena familia, pero con problemas de plata. Aunque también está el otro lado de la moneda. Hay cartas dirigidas a Carlos Lehder en las que las mamás le ofrecían a sus hijas a cambio de que se les diera una ayuda económica para pagarle los estudios universitarios a la muchacha. Esa era otra forma de vender la dignidad. A veces las mujeres se aprovechan en la medida en que el hombre se enamora. Le sacan los ojos con joyas, propiedades y dinero en efectivo. Algunas mujeres van con esa doble intención, pues no es porque los tipos sean unos artistas o grandes seductores. Varias de estas mujeres están procesadas, pero muy pocas. En el caso de Justo Pastor Perafán, por ejemplo, encontramos un acta de constitución de una empresa, pero en la relación de socios, que eran como 30, no figuraban ellos sino las novias, los suegros y las suegras. Esa es una forma de testaferrato, pero también de hacer entrar a la familia en la sociedad.

Sin embargo hay que estar agradecidos con algunas mujeres pues permitieron varias capturas. Me acuerdo que a Perafán lo agarramos porque publicamos en *Cromos* una foto de su amante. Un lector de la revista, muy buen observador, anunció que había visto a esa misma mujer en San Cristóbal (Venezuela) acompañando a un tipo raro. Entonces la siguió y esa fue la clave para su captura. El buen lector se ganó la recompensa.

Esta niña, (la amante de Perafan) en alguna oportunidad, me visitó para decirme que la estaban amenazando por este hecho. Luego supe que por el asunto de la foto los hombres del entorno de Perafán le habían quitado toda la plata.

También recuerdo el caso de Luis Fernando Murcia, alias "Martelo", que mandó preparar a una muchacha para que fuera reina de un departamento. Ella no le había contado a los papás que esta persona la estaba cortejando y que llevaba varios días con él. Y es que muchas veces, cuando las agarramos, lo primero que hacen es acordarse del papá y de la mamá, o sea que también hay niñas que lo hacen a espaldas de su familia. Hay el caso de una reina de Santander que tiene un hijo del hermano de Pablo Escobar. Un hijo que fue concebido en la cárcel. También hubo una reina del Vichada, novia de Perafán, que al final se supo que era de Medellín.

Hay otra historia con Martelo, que logró conquistar a la

reina de belleza del Brasil. Tras su detención, estando en mi oficina, me explicó cómo había hecho para cortejarla –a punta de regalos, nada muy original–, y luego agregó:

—Vea general, después de acostarme con esa mujer ya no me importa que me metan a la cárcel.

Perafán, después de Martelo, fue el que tuvo las mujeres más bellas, a pesar de ser un tipo físico masculino bastante poco agraciado. Recuerdo que un día estábamos mirando con el general Montenegro un álbum con fotos de sus mujeres. Todas eran espectaculares y no me aguanté la gana de decir:

—¿A este lo estamos persiguiendo por narco o por envidia?

Lo increíble es que desde la cárcel ellos seguían controlando a sus mujeres. Y a todas les brindaban amor eterno, así fueran dos, siete o cien. A uno de ellos se le encontraron 50 tarjetas con la dedicatoria que decía "para mi único amor". Me acuerdo de uno que le reclamaba por teléfono a una de sus novias. Le preguntaba que dónde estaba, a lo que ella respondió: "Estoy paseando los niños". Entonces él le replicó: "Pero me da la impresión de que ha tomado trago". Ellos las conocían en toda su dimensión, aunque fuera por teléfono.

Pero las mujeres, especialmente la primera, también sentían celos y buscaban desquite. Cuando Gilberto Rodríguez llegó a la cárcel, su esposa le demoró como dos meses la cobija para la alergia, y todo porque el día de la captura estaba con su amante.

Ellos hacían cualquier cosa por enamorarlas y halagarlas.

Había narcos que por un fin de semana en Cartagena regalaban un carro y diez millones de pesos. Claro que no todas lo aceptaban, pero muchas sí. Y eso para el narco era una especie de revancha social, pues sabían que si ellos no tuvieran tanta plata, esas bellezas ni los hubieran volteado a mirar. Por eso se deleitaban paseándolas y mostrándolas, sobre todo con aquellas que habían tenido coronas. Y las mujeres lo aprovechaban: en una ocasión una mujer de uno de los del cartel se gastó 82 millones de pesos en un mes.

Ahora, a mí lo que más curiosidad me daba era saber cómo hacían para tener cuatro o cinco novias con conocimiento de la propia mujer. Había además un doble juego porque al agarrarlos no les gustaba que los vieran, que sus caras aparecieran por televisión para que sus hijos o la primera mujer no los vieran. Esa doble moral, ese doble juego yo no lo entendí nunca.

Del lado nuestro, en cambio, la mujer sí se merece un homenaje. Creo que una de las cosas más interesantes fue haber seleccionado mujeres policías con un buen criterio, porque yo noté en todo el proceso que la mujer es más cauta que el hombre, ya que pasa más desapercibida en actividades de Inteligencia.

Phanor Arizabaleta Arzayús

TRES DÍAS DESPUÉS de la captura de José Santacruz Londoño, es decir el 7 de julio de 1995, recibimos la entrega de Phanor Arizabaleta Arzayús, sexto hombre del cartel de Cali y jefe del cartel del norte del Valle, acusado de secuestro y extorsión además de tráfico de drogas y enriquecimiento ilícito.

Recuerdo que estaba solo en mi oficina cuando recibí la llamada de Ramiro Bejarano, director del DAS, anunciándome la entrega:

—Aquí vino a presentarse un poco antes de las cuatro de la tarde con el abogado —me dijo—, el doctor Álvaro Vargas Londoño.

Yo aún estaba con la alegría de la captura de José Santacruz, y al confirmarse esto pensé que la batalla estaba casi ganada. Ahora sólo faltaba Pacho Herrera para darle el carpetazo final al cartel de Cali, una misión que apenas hacía un año parecía imposible.

Esto demostraba que la estrategia de presión ejercida por el Bloque de Búsqueda, los precisos informes de Inteligencia, la colaboración espontánea del ciudadano y la delación por parte de sus secuaces, producto de los anuncios de recompensas, habían dado resultado. El mismo Phanor Arizabaleta declaró por escrito haberse entregado por consejo de Santacruz Londoño. Así lo declaró:

"Mi deseo o voluntad de someterme a la justicia ha sido alimentado por la influencia que en mí ha ejercido la persuasión de José Santacruz Londoño, quien, diciéndome que es la mejor opción, me ha convencido de que tome la determinación de someterme a la justicia. Me someto voluntariamente y lo hago aconsejado por una persona que está sufriendo las consecuencias de una captura y se ha referido a mí para darme el mejor de los consejos".

De este modo, pensé, el director del DAS se quitaba de encima el mal trago que se había llevado poco antes, el 27 de junio, cuando había anunciado la captura de Phanor Arizabaleta en Valledupar, y en realidad el detenido era un delincuente venezolano llamado Alberto Espina Rodríguez. Este hecho sirvió para ser cuidadoso en todos los informes de captura. En estos casos soy aprehensivo.

Sobre la cabeza de Arizabaleta pesaban dos órdenes de captura: una por delito de narcotráfico, del 12 de enero de 1994, y otra del 14 de diciembre de 1994 por secuestro. A Arizabaleta también se lo acusaba del asesinato del sargento segundo Óscar Muñoz Cruz, director de Inteligencia de la Sijín en Buga, quien fue abaleado por unos sicarios en moto cerca de su oficina.

Muñoz Cruz se había convertido en el principal enemigo de Arizabaleta, pues había recopilado información que permitió el allanamiento de 16 propiedades del capo mafioso. Poco antes del asesinato, el 6 de junio de 1995, el sargento segundo había recibido una llamada en la que una voz le decía: "Por sapo lo vamos a matar". Y al día siguiente le cumplieron la promesa. Esa muerte nos dolió mucho, pero hay que recordar que, en compensación, el mismo día de su entierro en Cali capturamos al Ajedrecista.

A los 17 años, el cadete Rosso José Serrano en la Escuela General Santander (1960).

El presidente Misael Pastrana Borrero saluda a Rosso José Serrano el día de su ascenso al grado de mayor.

Julio Serrano y Ana Dolores Cadena, padres del general en una celebración familiar.

Sus pocos momentos libres el general Serrano los dedica a sus nietos.

Gilberto Rodríguez Orejuela, "El Ajedrecista", en la reseña el día de su captura (9 de junio de 1995).

El general Rosso José Serrano y Gilberto Rodríguez Orejuela en las oficinas de la Dirección General de la Policía en Bogotá, horas después de su captura.

La llegada de Miguel Rodríguez Orejuela a Santa Fe de Bogotá, en compañía del general Rosso José Serrano y los hombres de Inteligencia.

José Santacruz Londoño en su presentación a la prensa el día de su captura (5 de marzo de 1996).

Helmer "Pacho" Herrera Buitrago durante la reseña el día en que se entregó a las autoridades (20 de agosto de 1996).

El general Rosso José Serrano cuando era director de la Policía Antinarcóticos con el entonces presidente George Bush en Washington durante un encuentro internacional.

El general Rosso José Serrano con Gabriel García Márquez en la base aérea antinarcóticos de Neiva para asisitir a la fumigación de los cultivos de amapola en las montañas del Huila.

Alejandro Bernal M., alias "Juvenal", y una acompañante en el yate *Claudia V* que fuera propiedad del capo mexicano Amado Carrillo. Esta foto fue tomada por agentes encubiertos de la Policía en Cartagena.

Dennis Haster, *speaker* y presidente de la Cámara de Estados Unidos, y el general Rosso José Serrano. Dennis Haster ha brindado apoyo y ayuda para la lucha contra el narcotráfico.

Encuentro del general Rosso José Serrano con su majestad el rey Juan Carlos de Borbón durante la cumbre de directores de Policía de 50 países (septiembre de 1999).

Estados Unidos y la lucha

DEBO DECIR CON SINCERIDAD que el apoyo norteamericano fue y ha sido siempre fundamental en esta lucha.
Gracias a esa colaboración, yo he tenido sin proponérmelo
la oportunidad de conocer senadores, representantes, policías y muchos funcionarios de ese país que nos han ayudado,
y sería muy ingrato no reconocerlo. Por eso lo hago, a pesar
del riesgo de que se me clasifique con el apelativo de "pro-
yanqui". Hasta la guerrilla se ha referido a mí de ese modo
en varias oportunidades.

Nosotros pasamos de ser una policía provinciana a ser una
policía de connotación internacional, y esto por nuestras acciones, nuestros informes, nuestra actividad. Es por eso que
mucha gente viene de todo el mundo a Colombia para ver
qué es lo que hacemos y de qué modo realizamos nuestro
trabajo.

Durante el gobierno del presidente Samper hubo un alza
del antiimperialismo. Pero al mismo tiempo, por la obliga-
ción de las relaciones entre ambos países, hubo muchas visitas de funcionarios norteamericanos. Sin embargo como
había ese clima de malestar con el gobierno, casi de pelea,
ellos venían o a la Policía o al Ministerio de Defensa. Era una
situación muy incómoda, pero qué tal que la Policía no hubiera gozado de esa confianza. Eso hubiera sido peor para
el país. Hubo descertificación pero sin sanciones económi-
cas lo cual habría sido fatal para el país. Por lo menos nosotros logramos construir una amistad con los norteamericanos

que fue puesta a prueba en esos cuatro años, y que fue muy transparente. Y seamos sinceros: también fue beneficiosa para el país. La Policía, en esa crisis política, recibió más ayuda de los norteamericanos que en otras oportunidades. Yo creo que la única institución que aprovechó la crisis política para desarrollarse fue la Policía.

Yo soy consciente de que un agente de la CIA o de la DEA es considerado en Colombia como un intruso. Pero se debe saber que el único país del mundo en donde el jefe de la CIA es presentado sin fachada es aquí en Colombia. Lo mismo que el de la DEA. Hace poco llegó una funcionaria norteamericana a la embajada y le preguntó al jefe de la CIA con qué fachada trabajaba. Él le contestó: "Con qué fachada voy a trabajar aquí, si el general Serrano me presenta a todo el mundo como jefe de la CIA". Eso muestra que aquí se trabaja de forma transparente, sin encubrimientos ni nada. Es como si yo llegara a Estados Unidos a decir que soy el doctor Serrano, jefe de la Oficina de Comercio. No. Y por esa actitud transparente es que creo que ya casi nadie los mira raro. En las fotos de las reuniones sociales ellos salen con sus cargos en la CIA, la DEA y el FBI.

Antes, cualquier mono ojiclaro era acusado de ser de la CIA o de la DEA. Pero ya no. Ellos son buenos agentes, por lo general muy instruidos, aunque no hayan sido formados en un ambiente tan violento como el nuestro. Aquí la muerte está a la orden del día y ninguno de los que trabaja con nosotros le tiene miedo a la muerte.

Ahora, trabajar en llave con la CIA, la DEA y el embajador Frechette, con el Congreso Norteamericano, el Departamento de Estado y otras oficinas importantes fue algo tenso y difícil, pero al mismo tiempo muy estimulante. Uno de los ejemplos de esa tensión fue cuando se inauguró la Escuela de Aviación de Mariquita, que se pudo hacer con una colaboración de nueve millones de dólares que nos dio el gobierno norteamericano. Eso permitió hacer una de las mejores escuelas de pilotaje policial del mundo, y por supuesto yo no la podía inaugurar sin invitar al embajador Frechette. Entonces le dije al presidente Samper: "Señor presidente, le pido que inaugure la Escuela, pero sepa que Frechette va a ir". Ambos fueron, y ese día los senté en la misma mesa a comer lechona. Cuando el presidente ya se iba se le dañó el avión, entonces se subieron a un helicóptero de la Policía y senté al presidente al lado de Frechette para hacer la ruta Mariquita-Bogotá. Todo el mundo me miraba raro en el almuerzo por la tensión que había entre ambos. Pero no, no pasó nada. Se comieron su lechoncita tranquilos. Para mí fue una satisfacción pues ese manejo fue de mago. Yo no sabía que tenía esas dotes de conciliador. Será por eso que una vez Enrique Santos Calderón escribió: "El general Serrano es símbolo de unidad nacional".

Fue difícil mantenerse a flote en medio de esas aguas turbulentas. Ahora, con los norteamericanos yo jugaba de local, y es mentira que ellos nos dieran órdenes a nosotros, como a veces se dijo. En la Policía se seguían mis instrucciones, aunque sí se les recibía la colaboración. Recuerdo la captura de Nelson Orrego. Ellos dijeron: "Entren a las ocho de la noche, ya está todo listo". Yo les dije no señores, entramos a las cinco de la mañana, esperemos esa hora que los mafiosos estén bien enguayabados o estén durmiendo con una pelada. Esa es la hora. Y preciso. Si no lo hacemos así se nos vuelan.

La colaboración con los norteamericanos, para la Policía, fue muy importante. Con la DEA y la CIA este trabajo conjunto fue básicamente a nivel de información, inteligencia y medios. También con el Departamento de Estado la colaboración fue vital: helicópteros, combustible, aviones, infraestructura, construcciones. Nosotros recibimos un promedio anual de 40 millones de dólares estrictamente para la Policía. El Congreso norteamericano también nos colabora mucho, y la verdad es que aquí vienen muchos senadores y congresistas. Y en efecto aquí los atendemos y vamos a Florencia, al Guaviare, a Miraflores, al Putumayo y al Huila. Sin misterios. Con los riesgos que implica los atendemos, y eso permite construir confianza con los representantes que lideran la ayuda a Colombia y a la Policía.

Yo he ido muchas veces al Congreso norteamericano a dar testimonio sobre el tema de la lucha contra el narcotráfico, y no siempre ha sido fácil. Recuerdo que una vez el representante Dennis Haster, actual presidente de la Cámara y *speaker*, me preguntó si era cierto que alguna vez el Gobierno me había pedido que no hiciera ciertas operaciones contra el nacotráfico. Recuerdo que en uno de mis viajes a Washington acompañado del embajador Juan Carlos Esguerra, toda la comisión de Relaciones Exteriores me estaba esperando para hacerme un homenaje público ante la bandera de Colombia. Fue en pleno Capitolio de los Estados Unidos; todos hablaron y eso fue para mí emocionante.

Esa amistad y cercanía la he construido para bien del país, y por supuesto la he capitalizado a favor del desarrollo de la Policía. También, aunque no sé qué diga la opinión pública al respecto, he buscado que haya un mayor acercamiento del colombiano hacia el norteamericano. Yo allá, en cada viaje, reclamo consideración y respeto para mis paisanos. Me quejo del trato que se les da en los aeropuertos, por ejemplo, y procuro enseñarles que la gran mayoría de los colombianos no debe sufrir por los delitos que ha cometido una minoría.

Debo decir que a partir de la posesión del presidente Pastrana, las cosas cambiaron y se encauzaron como debe ser por el conducto de la diplomacia. El señor Dennis Haster, quien ha visitado varias veces a Colombia, lo consideramos como un buen amigo y gestor de los helicópteros Black Hawk para la Policía con el señor Benjamín Gilman. Ellos son excelentes amigos de nuestro país, así como la mayoría de los miembros del comité de relaciones exteriores de la Cámara de Representantes. Debemos destacar a los senadores Dewainer y Coverdell, ponentes de la ayuda para el Plan Colombia.

Experiencia internacional

COMO JEFE DE LA POLICÍA Antinarcóticos y como director general, he tenido la gran oportunidad de visitar muchos países para exponer las estrategias que contra el narcotráfico se desarrollan en nuestro país.

En China tuve la oportunidad de conocer a la Policía más numerosa del planeta, conformada por más de un millón de hombres. Compartí experiencias con el Ministerio de Seguridad, pues al igual que en otras partes allí también existe el flagelo del narcotráfico. En Singapur aplican la pena de muerte para los narcotraficantes y al llegar al aeropuerto lo primero que se observa es un letrero grande que dice en todos los idiomas "Aquí la sanción para los narcotraficantes es pena de muerte".

Recuerdo que en Yacarta (Indonesia), el comandante de la Policía organizó una ceremonia para destacar nuestra presencia en el país. Lo curioso fue que cuando nos reunimos para tratar nuestros temas nos dimos cuenta de que no había interprete. A punta de señas entendimos que los policías de todo el mundo hacemos la misma tarea: perseguir a los malos.

En Corea el comandante de la Policía Nacional me condecoró en un acto muy especial, y al final de nuestra conversación le hice la pregunta que generalmente le hago a mis colegas: "¿Hay alguien colombiano preso en este país?" Mi interlocutor, un poco avergonzado, me dijo: "Sí, tenemos retenida a una señora que traficaba cocaína y la entraba por Rusia".

En París hace unos años el jefe de la Policía Nacional me dijo que había 150 colombianos presos, en su gran mayoría por narcotráfico, y que entre ellos había una ex reina cuyo esposo es el psicólogo de la cárcel, el cual se enamoró en las visitas que realizaba al centro penitenciario.

Hace tres años fui invitado a Madrid por mi amigo Juan Cotino Ferrer, director de la Policía Española, y en una reunión noté que algunos oficiales querían decirme algo. Les dije que pidieran lo que quisieran pues estábamos dispuestos a colaborar en lo que estuviera a nuestro alcance.

—General, queremos pedirle el favor de que se lleve esta lista de vehículos que una banda de jaladores colombianos hurtó en España y que enviaron desde el puerto de Vigo para su país.

Yo me ruboricé y les dije que con mucho gusto ayudaría. Este año volví a España a una cumbre con sesenta directivas de todo el mundo y al aniversario 175 de la Policía, donde conocí y hable personalmente a sus majestades los reyes Carlos y Sofía.

Por esos días se estaba gestando un paro de joyerías en Madrid, en protesta por los permanentes atracos a estos establecimientos por parte de compatriotas nuestros. Entendí entonces que nuestras visitas no son para hablar de narcotráfico sino también de otras cosas.

Hemos participado activamente en casi todas las reuniones sobre narcotráfico a nivel hemisférico y, como es lógico, hemos aprendido muchas cosas, pero a veces pienso que muchos de estos foros no tienen el efecto que deberían tener, pues sólo se mira parcialmente el problema cuando se señala exclusivamente a los países productores como responsables del problema.

Pacho Herrera

ERA CONOCIDO EN LA MAFIA como "el hombre de los mil rostros", pues las autoridades sólo teníamos la foto de expedición de su cédula, lo que equivale a decir que no teníamos imágenes recientes. Por eso para su búsqueda debíamos basarnos en las descripciones de los informantes, que de todas maneras eran muy vagas. Su gran habilidad estuvo en saberse caracterizar para pasar desapercibido, y por eso era el capo más difícil de capturar.

Cuando se derrumbó el cartel con las capturas de Miguel, Gilberto y José Santacruz, Pacho Herrera se dio cuenta de que la totalidad del esfuerzo de la Policía se iba a concentrar sobre él. Por eso mandó un abogado a comunicarnos que quería entregarse a la justicia. Esto nos puso en una situación paradójica. Yo hasta ahora nunca había enfrentado de forma directa una entrega (las anteriores se habían hecho ante otras autoridades), pues en la lucha contra el cartel de Cali siempre había preferido estar a la ofensiva. Por eso durante muchos días dudé, ya que me parecía una concesión innecesaria.

Sin embargo, con el ánimo de finalizar el capítulo del cartel, decidí convertirme en garante de la entrega, y en esas circunstancias, a través de un abogado, se entablaron conversaciones con la Fiscalía y se pactó la presencia de un fiscal regional en Cali.

Así comenzó a armarse la operación del sometimiento de Pacho Herrera. Este se iba a hacer, supuestamente, en el aeropuerto de Cali a las diez de la mañana, el 2 de septiembre de 1996, un día en que todo el país estaba pegado al televisor por un partido de fútbol entre las selecciones nacionales de Chile y Colombia. Y allá fuimos, pero a la hora prevista no apareció nadie. Esperamos hasta la una de la tarde y nada, y la verdad es que fueron tres horas interminables. Yo tenía puesto mi uniforme de fatiga, en dril verde, y estuve todo el rato sentado en la banda transportadora de maletas del muelle internacional, esperando con impaciencia alguna señal.

Pasada la una de la tarde hubo una comunicación en la que nos confirmaban que Pacho Herrera se encontraba en Yumbo, y para allá nos fuimos, en un helicóptero, siguiendo unas coordenadas que nos pedían aterrizar en una cancha de fútbol. Debo decir que ese fue el único momento de riesgo de la operación, pues en el campo había como 200 niños jugando. Al bajar empezaron a hacer piruetas junto al helicóptero y a mí me entró el miedo de que alguno se metiera entre las aspas.

En el lugar nos estaban esperando dos camionetas Toyota burbuja para llevarnos a la casa cural de Yumbo, en la iglesia de San José Obrero. Exactamente en la calle 10 con carrera 9ª, frente al parque Uribe Uribe. Ingresamos a un segundo piso y allí estaba el cura del pueblo, el fiscal, Pacho Herrera y uno de sus abogados.

Cuando lo vi me pareció, por su tipología, que podía ser el hombre más inteligente del cartel: una persona totalmente serena, pausada. Estaba estrenando un vestido italiano de color azul oscuro para la entrega y llevaba puestas unas gafas Calvin Klein. Un aspecto elegante que en cualquier parte lo haría aparecer como un gran ejecutivo y un hombre de mundo. Noté que era una persona de modales refinados, y a pesar de su manera primaria de expresarse se notaba que hacía esfuerzos para no incurrir en errores.

Pacho Herrera nos reveló en privado las razones de su entrega. Luego lo trasladamos en helicóptero al aeropuerto de Cali y, de allí, a la sede del Bloque de Búsqueda. Recuerdo que en el lugar había algunos agentes de la DEA para quienes Pacho Herrera era todo un mito. Se sentían muy impactados de haberlo conocido y afirmaban, al igual que nosotros, que nunca hubieran podido dar con él porque era totalmente distinto de lo que imaginábamos. La impresión del país cuando lo vio fue de asombro, pues era un delincuente distinto a los otros.

Cuando el helicóptero llegó a la sede del Bloque de Búsqueda se formó un gran revuelo. Todos querían ver en persona a Pacho Herrera. Él estaba muy tranquilo y al bajarse saludó con una gran sonrisa al coronel Benjamín Núñez Núñez, comandante de una unidad especial encargada de la seguridad, estrechándole la mano.

—Felicitaciones —le dijo Herrera.

Pero al bajarnos escuché a uno de nuestros oficiales diciendo que ese hombre no era Pacho Herrera, y entonces me entraron un poco de nervios. Luego caminamos hasta las oficinas y allí empezamos a realizar las formalidades de la detención, es decir la toma de datos y huellas dactilares, lo cual nos permitiría reconocerlo oficialmente como Hélmer Herrera Buitrago.

—Sí es —fue el veredicto de las huellas, y yo di un respiro.

Ya sin nervios y más bien con cierta euforia, tomé el teléfono y llamé al ministro de Defensa para decirle la esperada frase:

—¡Misión cumplida!

Las diligencias del sometimiento a la justicia se hicieron ante Francisco Alzate, coordinador de la Fiscalía Regional de Cali, y ante otro delegado de la Fiscalía.

El ritual de la presentación a la prensa puso un poco nervioso a Pacho Herrera, pero sus abogados lo calmaron diciéndole que si alguna de las preguntas no le parecía bien simplemente no la contestara. Entonces se sentó en el despacho de una oficina y allí comenzó a hablar. Dijo que se entregaba porque creía en la justicia colombiana y porque se habían dado las condiciones para hacerlo.

—Era el momento de darle un regalo a mi país —dijo—, que tanto sufre por la estigmatización del narcotráfico.

Herrera negó haberse entregado por la presión del Bloque de Búsqueda, pero la verdad era que se le estaba haciendo una persecución muy fuerte y él sabía que tarde o temprano iba a caer, pues poco antes de que iniciara los contactos para la entrega habíamos hecho varios operativos que lo pusieron nervioso. Uno de ellos fue en el estadio Pascual Guerrero, durante un clásico entre el América y el Deportivo Cali. Nosotros sabíamos que él era un hincha furibundo del América y que por nada del mundo se iba a perder ese partido. Y allá fuimos con el Bloque, y a pesar de que no lo encontramos logramos detener a varios de sus familiares, lo que tuvo sobre él un gran impacto psicológico. La persecución se extendió a las casas de los familiares en Cali, de primos, tíos y hasta de las hermanas.

En esos allanamientos nuestro problema fue siempre el mismo: no saber cómo era físicamente. Sin embargo, los hacíamos con la esperanza de que en algún momento hubiera suerte y diéramos con él. Y se hicieron tantos que llegamos a sumar 400 allanamientos en los meses anteriores a su entrega, sobre todo en las ciudades de Cali, Bogotá, Ibagué, Popayán, Pereira, Buenaventura, y las poblaciones de Jamundí, Tuluá y Buga. A esto se sumó otra medida y fue que el gobierno aumentó a 1.500 millones de pesos la recompensa a quien diera información que permitiera su captura.

Pacho era muy disciplinado con la seguridad y en muy pocas ocasiones logramos escucharle conversaciones. Una de esas veces, recuerdo, fue un mes antes de la entrega. En esa llamada, detectada por el grupo de Inteligencia, Herrera habló por más de una hora con uno de los capos presos en La Picota. Pacho hizo la llamada desde Medellín, y el tema fue justamente las ventajas y los inconvenientes de su entrega a la justicia. Nosotros sabíamos de esa comunicación y de otros acercamientos de sus abogados a la Dirección Nacional de Fiscalías, pero preferimos seguir con nuestro operativo de captura y pedimos pruebas a Estados Unidos que permitieran fortalecer los expedientes en su contra. De allá, poco después, nos enviaron 40 cuadernos con pruebas que lo acusaban de envíos por varios kilos de cocaína a EE.UU.

Tras la muerte de José Santacruz Londoño, Herrera había abandonado su escondite en Medellín, en donde se encontraba a principios de 1996, para trasladarse a un lugar cerca de la frontera con Venezuela. Allí comenzó a prepararse concienzudamente para la indagatoria que tendría que rendir a la justicia después de la entrega. Un poco después, el 27 de junio, Estados Unidos lo solicitó en extradición junto con los hermanos Rodríguez Orejuela y Juan Carlos Ramírez. Esto le trastornó un poco los proyectos pues ahora los riesgos que corría eran mayores. Sin embargo tomó la decisión de hacerlo en la fecha del 1 de septiembre. Y así se hizo.

Después de la presentación a la prensa, Herrera fue trasladado con sus abogados a la cárcel de Palmira, con lo que ya teníamos entre rejas al cuarto hombre del cartel de Cali.

¿Quién era Pacho Herrera?

"El hombre de las mil caras" había nacido el 24 de agosto de 1951 en Palmira (Valle), pero sólo empezó a ser conocido en los medios policiales a partir de 1988, tras el atentado dinamitero al edificio Mónaco, en Medellín, propiedad de Pablo Escobar. Ese ataque marcó el inicio de la guerra entre los carteles de Cali y Medellín, que después supondría decenas de atentados dinamiteros contra los establecimientos de Drogas La Rebaja, de los hermanos Rodríguez Orejuela, así como la masacre de la Candelaria, en el Valle, cuando un grupo de sicarios del cartel de Medellín entró por sorpresa a una finca de Pacho Herrera en la que se estaba celebrando un partido de fútbol, con un saldo de 18 muertos.

De ahí que Herrera, junto con Santacruz, fuera considerado uno de los creadores del grupo de los "Pepes" –Perseguidos por Pablo Escobar–, que lucharon a sangre y fuego contra el cartel de Medellín. En la rueda de prensa, después de la entrega, un periodista le preguntó a Pacho Herrera si era cierto que Pablo Escobar había sido su peor enemigo. La respuesta de Pacho Herrera fue contundente:

–Pablo Escobar era el peor enemigo de Colombia.

De todos los capos del cartel de Cali, Pacho Herrera era el más escurridizo para la justicia. Sólo en 1995 fue solicitado por los juzgados colombianos con un auto de detención del 17 de marzo de 1995, acusado de delito de narcotráfico y enriquecimiento ilícito. Se sabía que era socio financiero de Santacruz Londoño y que era el encargado del aparato armado del cartel. También era socio de Phanor Arizabaleta, pues figura junto a él en las actas de conformación de algunas empresas inmobiliarias.

Pacho Herrera fue recluido en la Penitenciaría de Palmira, en donde debía cumplir su pena. Pero el 5 de noviembre de 1998 fue asesinado por Rafael Ángel Uribe Serna, quien entró a la cárcel identificándose como abogado de otro recluso, Luis Fernando Lozano García. Según los informes de Inteligencia, Uribe Serna ingresó a la penitenciaría y se dirigió a uno de los baños comunes, en donde alguien le había dejado oculta un arma en la parte de los tanques del agua.

Con el arma en la mano el hombre se dirigió a la cancha de fútbol, en donde Pacho Herrera se encontraba siguiendo un partido, su gran pasión. Los testigos dicen que el hombre se le acercó por detrás, lo llamó por el nombre y cuando este se dio vuelta le descargó seis disparos en la cabeza. Se cree que el homicidio fue ordenado por uno de sus antiguos socios por una mala repartición de las ganancias obtenidas en un negocio ilícito.

Curiosamente, dos de los narcotraficantes más importantes que se entregaron a la justicia fueron asesinados en la cárcel: el caso de Pacho Herrera y de Orlando Henao Montoya. Este último fue acribillado a tiros por un primo hermano de Pacho Herrera, parapléjico y quien en su silla de ruedas había ingresado el arma a la cárcel Modelo de Bogotá, donde purgaban condena y en el pabellón de máxima seguridad lo mató.

Después han seguido las muertes de varios narcotraficantes y testaferros en ajustes de cuentas, de vendetas y creo que esto es el reflejo de una división de los "capos" sucesores de negocios en el Valle. Esta ha cobrado ya 73 víctimas entre ellas abogados y familiares de Pacho Herrera.

Qué queda del narcotráfico activo

NO VOLVEREMOS A VER carteles grandes. No volverá a haber Rodríguez, Escobares ni Herreras. Vemos y veremos "Herreritas", "Escobaritos" y "Rodriguecitos". El colombiano no es bobo y cuando pierde no repite la historia. El cartel de Medellín fue el más violento del mundo, pero su jefe está muerto. El cartel de Cali fue el más inteligente del mundo, pero su jefe está en la cárcel. Entonces el colombiano dice no, no mandemos mil kilos, mandemos diez veces cien.

Ahora estamos enfrentando a una nueva estructura de narcotraficantes. Lo que quedó sepultado por muchos años fue la posibilidad de que el narcotrafico desestabilice al Estado colombiano. Claro, es posible que en este país haya narcotraficantes por mucho tiempo, pero van a ser solamente eso: unos narcotraficantes, delincuentes comunes que a lo mejor podrán concentrar mucha riqueza pero que no podrán desestabilizar al Estado. Lo que enfrentamos ahora son pequeños grupos de carácter empresarial que ven en las drogas un negocio y que quieren darle perfil gerencial al tráfico de drogas. No están interesados en ir más allá de eso. No quieren tener influencia sobre los políticos ni corromper los niveles altos de la sociedad.

Para decirlo un poco cínicamente: después de la caída de los dos grandes monopolios el negocio se democratizó en Colombia, y hoy estamos enfrentando cerca de 350 o 400 organizaciones menores.

Me preocupa el surgimiento de un mercado nuevo y

abundante que es Europa y la antigua cortina de hierro. Eso perjudica a Colombia que es el primer productor de coca. Igualmente nos preocupan los tentáculos de la mafia rusa, que es temible.

Así mismo la producción de heroína ha tomado auge por su pureza, utilizando los mismos canales de la cocaína.

En fin, estemos preparados para seguir viviendo este flagelo que nos atormenta, pero que hay que seguir combatiendo con mucha decisión.

Las lecciones de la lucha

SE DARÁN MÁS ADELANTE, pero lo que a mí me queda es que el rumbo de este país lo cambió el narcotráfico. Colombia se estigmatizó internacionalmente por causa del narcotráfico. El colombiano ha demostrado que puede ser el más inteligente para lo bueno, pero por desgracia también para lo malo. Además el narcotráfico deja una secuela de daños, muertes y desprestigio irreparables. Muchos núcleos de la sociedad fueron acabados totalmente por el narcotráfico. Y si no se hace nada, habrá que añadir muy pronto el ingrediente negativo del consumo de drogas. Históricamente los países productores terminan siendo consumidores. Afganistán y Paquistán tienen más de un millón de consumidores de opio. Aquí no se puede seguir con el discurso de que el consumo es sólo problema de los gringos, y por eso hay que hacer algo rápido. Luego están los daños que le deja a la clase política, que son irreparables. Los daños que deja a la justicia, a la fuerza pública. La costumbre de hacer dinero fácil no se acaba de la noche a la mañana, y menos en un país con una crisis económica, como es nuestro caso. El que el colombiano tenga el valor y la desfachatez de introducirse en su estómago 800 gramos de coca o heroína debe servir para un análisis más que psicológico.

Pero tal vez la consecuencia más grave que he visto es que en los sectores de siembra la gente se ha empobrecido más de lo que estaba. Antes, con lo poco que tenían, vivían con dignidad, con esa pobreza limpia del campo. Hoy lo que recibieron de más lo gastaron en prostitución, en vicio y se quedaron sin nada. El daño enorme que se le deja a la biodiversidad y al ecosistema se recuperará sólo en cien años. Por eso hemos perdido generaciones enteras. Tal vez dos o tres. Esas generaciones que debían estar orientadas hacia el bien se torcieron.

Del narcotráfico, repito, no queda nada bueno. Gente muerta, gente en la cárcel y familias señaladas o descompuestas.

Policía del 2000

CREO QUE SERÁ la Policía Comunitaria, la que en Europa llaman la policía de la proximidad, de la cercanía, la que se sienta con el ciudadano a proyectar sus necesidades básicas de seguridad, la que va a imponer una nueva cultura de convivencia. En este modelo la seguridad no será ya sólo una responsabilidad exclusiva del Estado, sino el producto de una mancomunidad de esfuerzos. Será una Policía que se va a manejar con satélites y que tendrá una gran facilidad de desplazamiento, pues debe llegar en el momento en que se están produciendo los hechos, o antes.

Será una Policía amable, dinámica. Una Policía sin armas, o sólo con las armas normales del Policía y no con las que tenemos ahora. Eso se logra con la paz, pero la paz sólo se construye si tiene una base fuerte de seguridad ciudadana. No habrá paz si a uno lo matan saliendo del apartamento, si un borracho lo atropella en el andén. El futuro de la paz está en la seguridad ciudadana.

El régimen carcelario hay que fortalecerlo. Primero que todo las cárceles en el corazón de las ciudades son muy ineficientes pues, como se vio, los narcotraficantes terminaron por corromperlas, por crear un nuevo modo de vida en las cárceles. Ese es el punto clave. Ahora por lo menos se ganó algo, y es que con la extradición, que está vigente desde diciembre de 1997, el que siga delinquiendo en narcotráfico se va para Estados Unidos. Al que agarremos traficando aquí o en el exterior se le va la luz.

La prensa

EN 1989, CUANDO el general Gómez Padilla me nombró siendo yo coronel, director de la Policía Antinarcóticos, sentí miedo ante dos cosas que hoy ya están completamente superadas: montar en helicóptero y enfrentar a la prensa.

Al helicóptero porque nunca en mi vida me imaginaba atravesando desde el aire la selva del Guaviare en un aparato tan frágil, y a la prensa porque sólo conocía a los cronistas deportivos por mi aprecio al fútbol. Pero con el tiempo la prensa se convirtió en una gran aliada nuestra.

Claro, yo he tenido la fortuna de conocer todos los escalones posibles de esta relación, desde los de abajo hasta los de arriba. Y ha sido muy importante.

Estando en Antinarcóticos asistí a la oficina del presidente César Gaviria a una reunión el día que se aprobó la fumigación de cultivos ilícitos con glifosato. Eran las siete de la mañana y sobre su escritorio vi descuadernados todos los periódicos. Ahí pensé que el presidente se enteraba de las cosas nuestras por la prensa, no por los boletines que se envían a esas dependencias.

Entonces me dije que pueden hacerse muchas cosas, pero que si no son difundidas por la prensa su importancia y efecto disminuyen, tanto que a veces es como si no se hiciera nada. Debo reconocer que la prensa nos ha ayudado en la lucha contra el narcotráfico y en el desarrollo integral de la Policía. Ellos nos dieron palo del duro, pero eso sirvió para hacer autocrítica dentro de la institución. Por eso yo nunca reprocho las críticas cuando son justas. Eso sí, yo reclamo cuando no lo son. Pero en el proceso contra el cartel, la prensa jugó un papel importante. Y voy a decirlo con claridad: a los narcos lo que más les embejuca es que los presentemos a los medios de comunicación esposados y con la cara levantada. Para ellos es como tener que sentarse en la silla eléctrica.

Santacruz fue el que más me pidió que no lo presentara el día de su captura, pero yo le dije que si no lo presentábamos la gente no iba a creer que la captura era cierta. Sé que aún muerto no me perdona haberlo presentado. Pero al que más vi descompuesto frente a los medios fue a Miguel Rodríguez Orejuela. Recuerdo que en esa fatídica silla estaba furioso y con la boca blanca de la rabia. Pero uno también siente temor. Recuerdo una ocasión en que tenía que presentar a un narco de la Costa de nombre Libonnati. Ya estaba por hablar cuando el tipo me sorprendió, acercándose demasiado a mí. Yo iba a decir "aquí les presento al narcotraficante Libonnati", pero al verlo tan cerca y al ver al frente un fusil que le habíamos decomisado, reaccioné y cambié las palabras de la presentación: "aquí les presento al señor Libonnati".

Con la prensa he tenido también momentos memorables. Recuerdo que mis amigos periodistas más cercanos —pues llevo diez años con ellos— fueron los primeros que se reunieron en sindicato y llegaron a mi oficina para decirme:

—Rosso, usted no se puede lanzar a la política ni por el diablo. No lo haga.

Las mujeres periodistas fueron las más vehementes. Otro amigo periodista, Juan Gossaín decía "El general Serrano es un patrimonio de todos los colombianos como un policía ejemplar". Eso me motivo más a decirle no a la política.

Claro que para manejar la prensa hay que hacer curso. Yo he tenido uno que otro susto en aviones y helicópteros pero lo que más me ha trasnochado en este trabajo son algunos artículos y titulares de prensa.

No es tan fácil este manejo porque todos, y en especial los que cubren esta fuente, quieren cada uno su "chiva". Entonces nos toca hacer de tripas corazón y lidiarlos a todos, lo que no es fácil. Por fortuna tengo un gran torero como jefe de prensa, Carlos Perdomo, un verdadero artista para este manejo tan complicado. Él se ha convertido en un maestro que dicta clase a todos los comandantes y alumnos para que aprendan ese difícil aspecto del trabajo público, y lo que hace él es una verdadera cátedra.

La prensa ha sido, sobre todo, testigo presencial de este proceso de lucha contra el narcotráfico. Son ellos los que han juzgado y los que seguirán juzgando lo bueno y lo malo. Ese es su papel y por eso mismo los respetamos.

Autorretrato

SOY UNA PERSONA bastante tranquila. Mi pasatiempo principal, además del tenis, es caminar, así sea dándole vueltas al corredor aquí de la Dirección General. Por lo demás a mí me gusta estar en mi casa viendo televisión y compartiendo el tiempo con mi familia. Claro que también me gusta viajar, conocer el mundo. La buena influencia del colegio hizo que me interesara por la historia. Oír de Carlomagno y sus batallas. De la cultura romana. Lo mismo que el origen del Derecho ligado a la tradición de los romanos. Oír hablar de Sócrates y de Platón en el colegio fue algo que me impactó. De ahí mi interés por los monumentos históricos, y por eso hice el esfuerzo de conocer las pirámides de Egipto, el Coliseo en Roma, el desarrollo del deporte ligado a la cultura griega, como la Maratón. Todo eso me pareció siempre un tema interesante y traté de estar bien enterado. Incluso en lo referente a las grandes guerras. Muy diferentes a las guerras que estamos viviendo ahora en el país, pero al fin y al cabo guerras.

En cuanto a mi temperamento yo hice el proceso completo, de un extremo al otro. Recién salido de la Escuela, por la formación que recibí, era algo agresivo, impulsivo y poco consecuente. Pero con el transcurso de los años, con el trato diario y la relación con la gente tanto en la Policía como afuera, me fui humanizando. También me ayudó haber tenido la oportunidad de estudiar Derecho, de conocer muchas Policías en diferentes tipos de culturas. Hace muchos años que empecé a ser tolerante, conciliador, comprensivo, y hoy puedo decir que soy una persona de negociación, de intuición. Puedo decir incluso que he llegado a comprender la conducta del delincuente. Cuando capturaba a los capos, de alguna manera, sentía cierta lástima por ellos. Una especie de "síndrome de Estocolmo". Después de todas las peripecias que teníamos que hacer para agarrarlos, cuando ya estaban esposados, a mí me daba como lástima, pues se trataba de seres humanos que ahora debían irse para las cárceles a enfrentar grandes condenas.

Yo creo que la mayor virtud que debe tener un policía, y cualquier ser humano, además de la honestidad, es la tolerancia, sobre todo en este país tan violento. Pienso que el policía debe estar preparado para recibir los mayores improperios. Incluso quien nos irrespeta debe ser comprendido, para que nuestra respuesta no sea violenta. Si los colombianos tuviéramos la virtud de la tolerancia tendríamos menos muertos y más tranquilidad.

En cuanto a cosas cotidianas como la comida, me gusta todo. Mi educación en el campo hizo que todo me gustara, y ahora, ya con algunos años, procuro proteger la salud y evito que se me vaya la mano en las grasas. Evito, por ejemplo, el cerdo, y cuido los azúcares. Pero de resto lo que me pongan. De otros países, lo que más me gusta es la paella. Eso sí, tiene que ser paella seca, que no traiga tanto aceite. En los tragos yo hice el curso de todo colombiano que ha progresado. Alcancé a tomar chicha, luego aguardiente y ahora whisky. Los vinos no me fascinan, pero si me sirven uno me lo tomo.

No tengo la paciencia para ver cine. Quedarme sentado dos horas es para mí, acostumbrado a estar activo físicamente, una cosa muy difícil. Por eso nunca fui cineasta. Soy más de acción, de descansar cansándome, haciendo ejercicio. Claro que admiro a personajes relacionados con el mundo de la política y del arte. Alguien que me impactó fue Gandhi, pues ganar una independencia y calmar una guerra con una túnica, sin armas y sólo con mensajes, me parece admirable. Gandhi, para mí, representa la convivencia, la comprensión, la tolerancia.

Entre los colombianos admiro a Gabriel García Márquez, a quien conocí en Cartagena siendo subcomandante de la Policía en 1977. Con "Gabo" hablé muchas veces aquí y en México y fue él quien después de oír mis cuentos me dijo: "General, escriba un libro", y así he cumplido su deseo. Recuerdo que me dijo:

— Yo lo pongo en contacto con Santiago Gamboa, mi mejor alumno, para que le ayude a organizar ese libro.

Y así lo hice.

Cuando se presentó la propuesta de incursionar en la política en la campaña pasada lo invité a mi casa y le pedí consejo. Ya sabemos cuál fue. En su apartamento de Bogotá en compañía del general Luis Ernesto Gilibert, muchas ve-

ces hemos compartido su fantasía, así que somos privilegia-
dos al poder contar con su amistad; también al maestro Fernando Botero, pues me parece una persona fuera de serie. Su
escultura y su pintura me producen admiración. Recuerdo
que una vez llegué a Madrid y vi sus esculturas en el Paseo
de la Castellana y me dio mucho orgullo ver algo bueno de
Colombia en un lugar tan destacado.

Entre las mujeres me suscitó gran admiración Golda
Meir. Creo que dirigir un país en conflicto permanente, como
le tocó a ella, rodeada de enemigos y manejando un odio tradicional e histórico, es algo ejemplar. También me impactó
por su dureza la ex primera ministro británica Margaret
Thatcher, llamada la "mujer de hierro", una mujer de armas
tomar y gran presencia. Como es natural, admiro a mi mamá,
a mi mujer y a mi hija. Por la comprensión y por lo que hicieron por mí. Ahora, la mujer colombiana es en general
muy linda. A todas las admiro por su belleza y su intuición.

De personas que he conocido personalmente me impactó
mucho el presidente George Bush, con quien tuve oportunidad de charlar en San Antonio, Texas, cuando en 1991,
siendo director de la Policía Antinarcóticos, acompañé al
presidente Gaviria a una gran cumbre para tratar el tema de
la droga. También me impactó Fidel Castro, que a pesar de
las diferencias es un gran personaje de este siglo. Hablé con
él de narcotráfico a raíz de un alijo que decomisamos en
Cartagena y que iba para Cuba. Él estaba muy bien entera-

do de quién era yo, y cuando lo saludé él veía a alguien que estaba luchando por una cosa buena. En esa reunión estuvo el presidente Pastrana, quien me invitó a Cuba, y debo decir que de no haber sido por ello no habría conocido esa nación.

Creo que Dios existe como un orientador y soy muy apegado a mi fe cristiana. Yo acudo mucho a él para que me ayude. Varias personas que no conozco me envían oraciones y estampitas de la Virgen con mensajes religiosos.

Si tuviera que repetir mi vida tal vez la haría igual. No me arrepiento de nada y siento que lo que hice lo hice bien. Incluso puedo decir que he hecho más cosas de las que me imaginé. Yo no estaba preparado para estar en las páginas de los periódicos y en el corazón de los colombianos. En eso se me fue la mano.

Cuando me retire de la Policía yo me veo llevando una vida muy tranquila. Espero tener algo que hacer y no limitarme a llevar una vida de pensionado que espera que pase un día para que llegue el siguiente, y así. Yo me siento útil, y le pido a Dios que me siga dando buena salud. Añoro el campo, pues me gustan las matas, los árboles, los pájaros, el paisaje y la tranquilidad. Ojalá en montaña y con clima medio, cerca de la gente que quiero. Cuando me retire, sobre todo, pienso seguir con el deporte hasta donde pueda, pues insisto que el tenis para mí ha sido un gran aliciente. Con el presidente Pastrana he jugado varios partidos haciendo pareja cada uno con su hijo y puedo decir que cada uno en su lado se defiende bien. Con el presidente Samper jugamos en la cancha del Batallón Guardia Presidencial. También con Alberto Casas y el fiscal Alfonso Gómez.

Recuerdo que jugamos un partido haciendo pareja con el fiscal y nos enfrentamos al presidente Pastrana y un amigo suyo. Y perdimos. El fiscal me dijo que no volvía a jugar contra el presidente al lado de un funcionario de libre remoción, porque no se empleaba a fondo. Lo cierto es que sudé la gota.

Ahora bien, yo confieso con toda humildad que he sido un afortunado al poder decir que en mi vida he aprendido que un buen jugador de ajedrez es el que piensa dos jugadas adelante. Eso hice yo cuando se inició la partida contra el cartel, pero como dije tuve la oportunidad de jugar con fichas blancas y desde la primera jugada asustamos al adversario.

Cuando dimos jaque mate, al otro lado sólo quedaron los cuadros del ajedrez pues logramos una ventaja tan abismal que parecía un juego de simultáneas con un sólo jugador, que jugó en equipo y ganó, pero además de ganar estremeció a los espectadores.

Operación Milenio

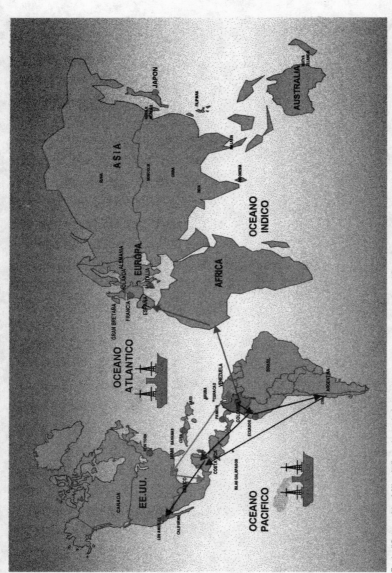

En la "Operación Milenio" se descubrieron estas nuevas rutas de tráfico de cocaína y heroína

TODO COMENZÓ EN MARZO de 1998 con un seguimiento en el barrio Antioquia de Medellín. Seguíamos a
Alejandro Bernal Madrigal, alias "Juvenal", un hombre del
que poco sabíamos en Colombia y que nos había sido señalado por las autoridades de Estados Unidos como uno de los
proveedores más grandes de cocaína de las mafias mexicanas. Fue la DEA la que encontró su nombre —su alias, en realidad—, tras el arresto en Miami del narcotraficante Orlando
Sánchez, a principios del año 1998. Es posible que Sánchez
haya negociado información con el FBI y la DEA a cambio de
beneficios, una información que sacó a la superficie la existencia de la organización de Juvenal.

A pesar de haberse formado cerca de Pablo Escobar y de
haber sido uno los principales socios del ex jefe del cartel de
Juárez en México, Amado Carrillo Fuentes —alias "El señor
de los cielos"—, en Colombia Juvenal no era conocido. No tenía antecedentes ni órdenes de captura; ni siquiera conocíamos su nombre de pila pues la información que se manejaba
en Estados Unidos era a través de su alias. Eso fue lo que
empezamos a buscar: un alias. La identidad de alias Juvenal.

Su "invisibilidad" de cara a nosotros —mantenida durante
más de cuatro años— fue su gran arma, lo que nos hizo ver
que estábamos ante una nueva "generación" de narcotraficantes que había aprovechado muy bien la lección de los
anteriores carteles ya desactivados: el de Medellín y el de Cali.
Ellos aprendieron de los errores de Pablo Escobar y los Ro-

dríguez Orejuela, y se dieron cuenta de que la mejor forma de sobrevivir tras la caída de los grandes capos era a través de organizaciones pequeñas, sin grandes cabezas ni grandes nombres, dedicándose a la exportación ilegal de droga con un perfil gerencial y usando de forma hábil las nuevas tecnologías: internet, teléfonos satelitales, transferencias electrónicas, siempre con asesoría de expertos nacionales y extranjeros. Como ejemplo del uso de tecnologías puedo decir que a Juvenal le encontramos 53 números diferentes de teléfonos celulares; incluso había días que cambiaba cinco veces de número. En cuanto a sus propiedades, todas estaban a nombre de terceros para evitar ser detectados como personas de grandes fortunas.

La lección de los carteles de Medellín y Cali fue muy clara: ni la guerra armada al Estado ni la compra de voluntades políticas y administrativas aseguran la supervivencia, y por eso, dejando de lado esa tradicional conducta, Juvenal y sus asociados se dedicaron a perfeccionar hasta límites inimaginables las estrategias de envío a través de rutas seguras, lo que les permitía no tener que corromper, un arma que para el narcotraficante es siempre de doble filo. Los miembros de esta organización eran jóvenes, con edad promedio de 40 años, todos administradores, abogados, economistas, financistas, gente poco violenta. Ellos no querían ver a su gente sicariando ni secuestrando. Todo se hacía decentemente.

Su modo de funcionamiento fue, además, menos ambicioso que el de los carteles tradicionales. Ellos no llevaban la droga a las calles de las ciudades norteamericanas, como hacían los grupos de antes, sino que se contentaban con venderla en México al cartel de los sucesores de Amado Carrillo, el Señor de los cielos, con el cual tenían exclusividad. Los mexicanos pagaban la droga y luego, por su cuenta, la pasaban a Estados Unidos. Sus rutas para llegar hasta México eran casi siempre marítimas, y los precios de la "mercancía" variaban dependiendo del lugar y del riesgo de la entrega: si se hacía en alta mar el precio era menor. Si se entregaba en la costa era más alto. De este modo las ganancias eran inferiores pero lograban el equilibrio al reducir los riesgos y poder hacer más envíos. Y así, a través de rutas seguras en barcos pesqueros que partían sobre todo del puerto de Buenaventura, Juvenal enviaba un promedio de 20 a 30 toneladas mensuales de droga a México.

El funcionamiento de la organización de Alejandro Bernal era muy protegido. Él no producía la droga sino que la compraba directamente en las zonas de producción, para luego llevarla a sus enlaces en México. En otras palabras: era un intermediario que obtenía ganancias millonarias, de al menos un millón de dólares por día. Pero su actividad tenía otro elemento importante: al conocer las rutas y tener los contactos en México, Juvenal recogía la producción de muchas otras organizaciones pequeñas de los departamentos de

Antioquia y el Valle del Cauca, similares en perfil a la suya, y se encargaba de expedirlas, de modo que siempre tenía droga disponible para hacer envíos grandes reduciendo el riesgo de pérdida individual en caso de que los cargamentos fueran interceptados. Esto le permitía tener una disponibilidad muy grande de droga. En una ocasión le decomisaron siete toneladas y Juvenal ni se mosqueó; les dijo a sus clientes que se quedaran tranquilos, que ya les mandaba otras siete. Recuerdo que una vez consiguió en un sólo día cuatro toneladas de cocaína. Él también hacía especulación con la coca: a veces la almacenaba para que subieran los precios, y luego la disparaba.

A sus socios colombianos les pagaba en México, lo que reducía aún más los riesgos, y las ganancias que obtenía las dividía en dos: una parte para reinvertir en el mercado de estupefacientes y otra para sostener actividades comerciales legales, siempre con el consejo de asesores financieros que le indicaban las cantidades prudentes de inversión que debía hacer en cada caso. El dinero se lavaba a través de cuentas en Hong Kong, Nueva York, Miami, Panamá y hasta algunas en Colombia. Había otra "ruta" de lavado que era México-islas del Caribe-Colombia.

Por todas estas características Juvenal y su organización se sentían muy seguros pues de un lado no cometían el delito de narcotráfico en Colombia y del otro consideraban que la acción de la DEA y de las autoridades norteamericanas se

vería más dirigida hacia los carteles mexicanos que eran, en
rigor, los que cometían el delito de entrar la droga a territorio norteamericano.

Así Juvenal, y los demás narcos de su generación, se las
prometían muy felices gozando de su "invisibilidad" y del
hecho de tener un prontuario limpio de antecedentes, hasta
el día en que su nombre empezó a sonar en los informes confidenciales obtenidos por la DEA en México, señalado como
uno de los principales proveedores de cocaína colombiana.
Entonces, en una serie de reuniones, se nos pidió que iden-
tificáramos a este misterioso Juvenal en virtud de la Conven-
ción de Viena de cooperación policial y judicial internacional.
En este caso fueron los Estados Unidos los que solicitaron a
Colombia la asistencia judicial, es decir una colaboración
judicial para obtener una serie de pruebas que les permitiera a ellos fortalecer y judicializar a esas personas en Estados
Unidos. Y no sólo en Colombia, pues muchas de las reuniones de estos narcos se hacían en Venezuela, Santo Domin-
go, Cuba, Panamá y México.

Y así fue que empezamos la búsqueda, comenzando por
una primera fase de Inteligencia en la que sólo hay verifica-
ción, identificación, búsqueda de antecedentes, vigilancias y
seguimientos.

Así pues, en la primera fase, a través de informantes y estudios de los grupos de Inteligencia, de buscar en el sistema
financiero colombiano quién está moviendo capital, etcétera,

pudimos establecer que alias Juvenal se llamaba Alejandro Bernal y que tenía un contacto en Medellín. Entonces empezamos a buscarlo, basándonos en una foto bastante vaga, hasta ese día de marzo de 1998 en el que lo ubicamos e hicimos la vigilancia en el barrio Antioquia.

Me refiero a este seguimiento porque fue el origen de todo y porque el barrio Antioquia es posiblemente una de las zonas más peligrosas de esa ciudad. Allí todo el mundo se conoce y es difícil pasar desapercibido, a lo que se suma un clima permanente de violencia. Mientras vigilábamos vimos atracos de carros, venta de bazuco y esas cosas, y nos preguntábamos qué hacía un tipo como Juvenal en ese barrio. Pero resulta que en ese lugar había una prendería, la Prendería El Cisne, desde la que manejaban y dirigían el lavado de todo el dinero. Allí estaba la caleta de los dólares. Ese día Juvenal estuvo hasta muy tarde, como hasta las cuatro de la mañana, y para la ocasión llevaron trago, mariachis y mujeres. Mis hombres estaban desplegados con 18 agentes secretos y no fueron descubiertos, lo que nos dio un ánimo enorme para seguir.

Ese primer éxito nos dio la seguridad de que podíamos vigilarlo y controlarlo a nuestras anchas sin levantar la menor sospecha, algo definitivo para llegar a conocer el *modus operandi* de su organización, la identidad de sus asociados y la magnitud de su actividad en el narcotráfico. Una vez que conociéramos más detalles sobre sus negocios podríamos presentar los cargos a la Fiscalía y obtener de ella la autorización para pasar a una segunda fase de vigilancia, con detecciones electrónicas, la posibilidad de realizar allanamientos y otros medios de obtención de información que sólo son posibles con personas contra las cuales la Fiscalía de la Nación tiene indicios probados. De ahí la importancia de esta primera fase, pues si Juvenal hubiera notado que lo estábamos estudiando él y sus asociados se habrían podido escabullir yéndose a otro país —ya que todos gozaban de absoluta libertad de movimientos—, o habrían podido cancelar temporalmente sus actividades impidiendo que obtuviéramos los cargos necesarios para legalizar ante la Fiscalía las acciones posteriores.

A través de estas vigilancias determinamos que la organización de Alejandro Bernal tenía como centro de operaciones las ciudades de Santa Fe de Bogotá, Cali y Medellín, en estrecha coordinación con contactos ubicados en otros países, caso de México, Ecuador, Chile, Nicaragua, Guatemala y Estados Unidos. Sus envíos, así, salían hacia varios países, principalmente México como ya dije, pero también Estados Unidos, España y Austria. En Colombia usaba empresas de fachada que hasta ese momento parecían absolutamente indudables como Expobac, de Bogotá, Productos Ambientales de Medellín, el Grupo Arcadia de Medellín, Botero Gutiérrez Asociados de Medellín, Cloros de Medellín e Inalfrut, igualmente de la capital de Antioquia. Al conocer a fondo las actividades de esta organización, y en virtud del tratado de asistencia judicial internacional, el gobierno de Estados Unidos procedió a solicitar la captura con fines de extradición de Juvenal y de otros cabecillas —entre los que se encontraba Fabio Ochoa, del clan de la familia Ochoa, un hombre que ya había pagado una pena de cinco años y nueve meses por el delito de narcotráfico y a quien se consideraba al margen de la actividad ilícita—, nombres que fueron surgiendo en los seguimientos y vigilancias y que tenían como denominador común el no ser conocidos en Colombia. El golpe concertado por la DEA, los informes de la señora Janet Reno, la Fiscalía colombiana y la Policía Nacional a estos 31 jefes y asociados de organizaciones de narcotráfico de la nueva generación fue bautizado con el nombre de "Operación Milenio".

El nombre de "milenio" surgió en una reunión final que hicimos en mi oficina. Me propusieron varios nombres entre ellos operación "El compadre" para destacar la amistad de Juvenal con Amado Carrillo. Sin embargo me decidí por milenio, porque es un término de actualidad. Eso impactó a los gringos que tradujeron mi término por "millenium".

Los personajes

ALEJANDRO BERNAL, de 40 años, nacido en Pereira, tenía de un típico temperamento paisa: generoso, simpático, parrandero, amante del trago y de las mujeres, y por encima de todo amante de los caballos. Tanto que dormía con algunos de ellos en los gigantescos dormitorios de sus fincas –unos de 90 mts²–. Las caballerizas que les tenía a sus "táparos", como los llamaba, eran tan elegantes, con tapetes y limpieza permanente, que no despedían olor de estiércol ni nada por el estilo. Sus caballos pura sangre, cerca de 300 ejemplares, estaban cotizados cada uno en precios que oscilaban entre los tres y los cinco millones de dólares. Los caballos eran su pasión. Pero como ya dije, las mujeres ocupaban también gran parte de su tiempo y de su chequera. Su pasión por las modelos y las reinas lo llevó a remunerarlas con estipendios de diez millones de pesos por noche, noches que, por cierto, grababa en video y luego guardaba en su caja fuerte, pues decía con orgullo que tenía una colección fílmica con sus mejores "prestaciones". En estas parrandas, con varios amigos y muchas mujeres para cada uno, usaba todo tipo de utensilios de gimnasia erótica: consoladores y reproducciones de sexos masculinos de todas las formas y tamaños. Las fiestas podían durar varios días y estaban pimentadas con licores finos y marihuana. Cinco días antes del arresto, sin ir más lejos, Juvenal llegó a su casa caído de la borrachera. Eran como las dos de la mañana y había estrellado el carro. Lo traían unos guardaespaldas porque el tipo no podía ni pararse de la rasca. Y en la puerta lo esperaban cuatro mujeres para él solo. Esa fiesta también la grabó. Juvenal patrocinaba a una mujer de 35 años que tenía como trabajo conseguir jovencitas para sus fiestas. A ese contacto le compró, por ejemplo, una sala de bronceado, y ella se encargaba de las mujeres para toda la organización, enviándolas a Cali, Medellín, a donde fuera. Cuando Juvenal se reunía con sus socios siempre había un grupito de cinco modelos para después, para la hora de los tragos y la parranda. Curiosamente, estas parrandas ellos las hacían siempre entre semana, del miércoles al viernes. El fin de semana era sagrado y se le dedicaba a la familia, y el lunes y martes se recuperaban.

Hay con él una anécdota, pues a Alejandro también le gustaban las pitonisas: resulta que él tenía una vidente a la que le había ayudado mucho. Se llamaba Alexandra y hasta le había dado plata para que pusiera una línea telefónica de astrología. Él la veía en Cartagena cuando iba de descanso, navegando en el yate Claudia v que había sido propiedad de Amado Carrillo, el Señor de los cielos. En una de esas visitas la Bruja Alexandra le predijo un "viaje largo y muy seguro", dándole además el consejo de que se retirara. Juvenal le había dicho que pensaba trabajar hasta los 40 años y que luego se retiraría. Pero el "viaje seguro" le llegó antes de tiempo.

Juvenal conoció a Amado Carrillo en México a finales de

los años 80. Él tenía allá un almacén de grifería y entonces fue Juvenal quien dotó las casas de Amado Carrillo con grifos bonitos, de oro y formas raras, esos que les fascinan a los narcos. Ahí se hicieron compadres y luego Juvenal aprovechó algunos contactos que tenía con la gente de Medellín para iniciar las entregas al cartel de Juárez.

Uno de los socios capitalistas más importantes de la organización de Alejandro Bernal era Fabio Ochoa Vásquez, ex miembro del extinto cartel de Medellín. Por eso Ochoa ya había pagado cinco años y nueve meses de cárcel por sus actividades de narcotráfico, pero se pudo demostrar que además de los caballos y el ganado una parte grande de sus ingresos los obtenían a través de la organización de Juvenal. Fabio tenía como 1.500 caballos, y en su casa algo así como 450 vestidos, 350 pares de zapatos. Eso no lo sostiene nadie. Para sostener eso había que estar metido en un negocio realmente muy productivo, como el narcotráfico. Juvenal lo introdujo como socio económico: según la DEA él invertía y luego cobraba, sin meter el dedo en la sopa. Ellos se conocieron por los caballos, ésa era su pasión compartida al inicio. Los negocios vinieron después. A Fabio, además de los caballos, le gustaba también el ganado de lidia. Y esto lo desarrolló para poder hacer rejoneo. En fin, ese ritmo de vida sólo lo puede sostener un mero rico. Claro que cuando le pregunté me dijo que él negociaba con los caballos y el ganado. Que no era una pasión sino un negocio. La pasión por los caballos, además, significa fortaleza dentro de los medios del narcotráfico. Los establos de esos caballos, que eran finísimos, tenían tapetes. Le daban coca a los caballos y a veces los lavaban con whisky.

Fabio Ochoa tenía tres emisarios en los negocios de la organización de Juvenal. Dos de ellos eran primos suyos: uno era Fredy Ochoa Mejía, primo hermano, que era secretario en la oficina de Alejandro Bernal. Otro primo es Héctor Mario Londoño Vásquez, que fue lugarteniente de Pablo Escobar, y que tras la muerte de Pablo fue acogido por la familia Ochoa. También estaba Santiago Vélez Velásquez, secretario privado de Alejandro Bernal. Estos enlaces con la organización de Juvenal le permitían a Fabio Ochoa decir que él estaba completamente alejado del negocio de las drogas, que estaba limpio.

Alberto Gallego fue otro caso bastante duro de invisibilidad. Él era hombre de confianza de Juvenal y se encargaba de manejar el aspecto financiero de la organización, con el trabajo específico de alterar los documentos contables y de facilitar el lavado del dinero que recibían por los embarques. Pero a Gallego lo conoce toda la alta sociedad antioqueña porque él llegó a ser vicepresidente de una compañía aérea y otras empresas. Conociéndolo ahora me pregunto a cuánta gente honesta no metería en líos este tipo, pues su fachada era de una persona intachable. Yo me imagino que si él llegaba y le pedía prestado a alguien un millón de dólares diciendo que en dos meses devolvía dos millones, pues nadie le preguntaría nada. ¿Quién podía imaginarse que estaba en estas andanzas.

Un caso aparte es el de Darío Echeverry Monsalve, de 50 años, también de Pereira, socio de Jairo Aparicio Lenis. Él, asociado con Éver Villafañe Martínez, enviaba droga por su cuenta a través de barcos pesqueros dotados de caletas que salían desde el Ecuador. Darío Echeverry, en complicidad con Villafañe, fue uno de los capos que más droga envió al exterior después de la caída de los grandes carteles. Villafañe, de 45 años, nacido en Quimbaya (Quindío), era además socio capitalista en la organización de Alejandro Bernal, y enlace con el distribuidor Diego Montoya, uno de los nombres importantes en la distribución de la cocaína colombiana.

En organizaciones paralelas estaba Orlando Sánchez Cristancho, relacionado con el grupo de Alejandro Bernal a través de Jaime Gonzalo Castiblanco (alias "Chalito"). Chalito, por cierto, aportó a la organización de Juvenal la utilización de nuevas rutas para el envío de droga e implementó un avión de su propiedad para traer a Colombia, en billetes, parte de los dineros obtenidos. En el ingreso de los dineros también estaba Jairo Mario Sánchez Cristancho, hermano de Orlando, quien hacía los viajes desde México a Colombia llevando el dinero.

Las genealogías de estos nuevos narcos muestran sus relaciones y orígenes. Juvenal descendía del cartel de Medellín en unión con El señor de los cielos de México. Orlando Sánchez Cristancho descendía de la línea de los Ochoa, luego trabajó con los Rodríguez Orejuela y antes de caer estaba trabajando con los Arellano Félix de México. Éver Villafañe desciende de Diego Montoya, y Diego Montoya trabajó para los Rodríguez Orejuela en la mejor época. Alfredo Tascón y Luis Fernando Rebellón Arcila son descendientes de Iván Urdinola, es decir línea directa del cartel del norte del Valle.

Además de los nombrados, la lista de cómplices y asociados que debía ser detenida con fines de extradición por la Operación Milenio era larga. En Bogotá teníamos los siguientes personajes: Carlos Alonso Cárdenas, Jorge Mauricio Sánchez Vidal, Mauricio Mejía Toro, Santiago Vélez Velásquez, Mario Germán López Cardona, Sergio Perdomo Liévano, Alfredo Tascón Aguirre. En Cali estaba sólo Éver Villafañe Martínez. En Medellín Hernán Abelardo Gómez Moreno, Jairo de Jesús Mesa Sanín, Ricardo Pastor Ochoa, Héctor Mario Londoño Vásquez, Freddy Iván Ochoa Mejía, Hermis de Jesús Betancour Ríos, Luis Carlos Zuluaga, Juan Guillermo Arbeláez Díaz, Nelson Alberto Giraldo Palacio, Horacio de Jesús Moreno Uribe, Óscar Alonso Gómez Moreno, Carlos David Barrera Garcés y Carlos Mario Londoño Botero.

Conexiones internacionales

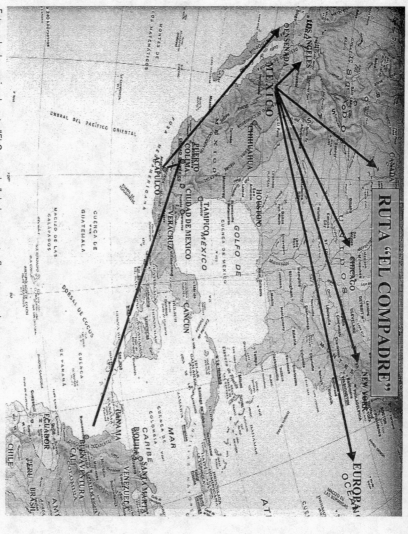

Esta es la denominada ruta "El Compadre" de los narcotraficantes mexicanos.

HOY POR HOY, tal como están las cosas, al colombiano en solitario le queda muy difícil meter droga directamente a Estados Unidos. Por muchas razones, pero sobre todo porque tiene el problema de la extradición pesando sobre su cabeza. Las islas del Caribe le han quitado espacio de movimiento a los narcos pues los gringos han establecido en ellas mucha presencia. Queda tal vez Jamaica, pero no más. Yo creo que se puede decir que los mafiosos colombianos hicieron importantes a los mexicanos. Ellos, a principios de los años 70, pasaban sólo marihuana a Estados Unidos. Los colombianos les enseñaron a trabajar con la coca, que tiene mayores ganancias porque es más fácil de transportar, y la empezaron a llevar por esa ruta, pues ellos allá en México no tienen. Los mexicanos fueron además los mejores socios de los mafiosos colombianos, pues allá se maneja una corrupción muy grande en las fronteras, lo que les facilitó el paso de las drogas a Estados Unidos. Amado Carrillo era el Señor de los cielos porque pasaba en avión a Estados Unidos la coca del cartel de Cali. Los capos en ese momento eran Miguel y Gilberto, y sólo hasta que los arrestamos fue que Amado Carrillo pudo volverse capo, no antes. Los mexicanos, con el influjo de los colombianos, aprendieron. Y entonces comenzaron a desarrollar carteles, y de ser un país de paso México se fue convirtiendo en un país autónomo en materia de mafia y narcotráfico, que tiene sus proveedores y hace sus propios negocios. Claro, ellos siguen dependiendo de la coca colombiana, pero ya su negocio es independiente.

Nosotros hemos desarrollado una gran amistad con las autoridades mexicanas en los últimos años y ojalá eso sirva para transmitirles nuestras enseñanzas y eviten que el problema crezca como bola de nieve como suele suceder con el narcotrafico. Después se desinfla pero a un costo muy grande. Lo cierto es que la DEA se queja de que allá no es tan fácil trabajar.

Vigilancia y seguimientos

PARA PODER COMBATIR A estos nuevos narcos la Policía tuvo que adecuar sus métodos, modernizarse aún más para estar a la vanguardia y tener mucha movilidad. La autonomía de los grupos de seguimiento fue fundamental, y esto sólo se podía hacer con una enorme confianza en los agentes. ¿En qué consistía esta autonomía? Nosotros sabíamos en dónde comenzaban las vigilancias, pero nunca dónde terminaban. De ahí que, por ejemplo, si un agente estaba detrás de Juvenal y él se iba para Panamá, pues el agente compraba un pasaje de avión y se iba detrás, sin tener que llamar siquiera a la Dirección General, sin papeleos ni burocracia, nada. Hay que decir que las autoridades de Panamá siempre colaboraron con nosotros, lo que fue importante para los seguimientos en el exterior.

En una ocasión sucedió algo imprevisto. Un agente se encontraba estacionado frente al hotel Four Points de Medellín vigilando la llegada de un mexicano que venía a hacer contactos para envíos de droga con la organización de Juvenal. Pero de repente llegan unas motos y varias personas lo acorralan, amenazándolo con unas subametralladoras MP5 con silenciador. Luego bajaron al agente del auto, lo acostaron en el piso y cuando todo parecía indicar que iban a pegarle un tiro simplemente se subieron al auto, volvieron a las motos y se fueron. Era un atraco. Algo increíble al frente de uno de los hoteles más lujosos de Medellín. El muchacho se salvó, aunque le robaron el auto, el armamento, las filmaciones del día y algunos documentos. Eso nos obligó a cambiar todo el esquema de la operación en Medellín, pues en el auto había un recibo de la luz de uno de los apartamentos de seguridad que estábamos usando en la ciudad. Entonces desmantelamos en pocas horas la central montada en esa dirección, sacamos todo, cambiamos dos de los autos que entraban y salían del edificio y nos fuimos para otro lado. Fue muy complicado, pero por fortuna al muchacho no le pasó nada.

Pero tal vez la anécdota más curiosa es la de la casa de Juvenal en Bogotá, que quedaba exactamente al frente de la mía. Y cuando digo al frente quiero decir puerta frente a puerta. En la sala de mi casa montamos una central de monitoría y de ahí escuchábamos todo lo que el tipo le decía a otro:

—Venga tranquilo, hermanito, tranquilo que la seguridad de nosotros es muy berraca porque es la de Rosso.

Pero hay más, pues resulta que al lado del edificio donde vivía Juvenal, yo jugaba tenis en una cancha privada y al principio, antes de saber que Juvenal vivía en el penthouse del edificio, yo sí notaba que había gente que se asomaba a mirar mientras yo estaba jugando. Yo dije: "¿será que juego muy bien o qué?" Hasta sacaba pecho, porque había también unas mujeres muy atractivas. Luego supimos que el que salía a mirar era Alberto Gallego, uno de los socios de Juvenal. Cuando me enteré sentí algo de miedo, pues desde ahí podían dispararme, entonces coloqué policías encima de una de las casas del frente para que los vigilaran mientras ellos me vigilaban a mí. Esa convivencia fue muy curiosa. Me tocó, por ejemplo, la euforia de ellos cuando capturamos a Gilberto y a Miguel Rodríguez Orejuela. Hay que tener en cuenta que esa oficina de Juvenal funcionaba por lo menos desde hacía cinco años.

Durante este año y ocho meses que duró el montaje de la Operación Milenio hubo varias incautaciones de droga a estas organizaciones, pero debieron hacerse de tal manera que pareciera algo rutinario, un procedimiento completamente aislado que no pudiera relacionarse con el gran operativo que estaba en marcha. Para eso había que contar con la colaboración de las autoridades locales y de otros países. Hubo, por ejemplo, una gran incautación en Ecuador que bautizamos Operación Atahualpa. En eso las autoridades ecuatorianas colaboraron y se manejó como el producto de una revisión normal. Lo mismo sucedió en Houston con uno de los cargamentos más sofisticados que hemos visto. Allá se manejó como algo rutinario, pues a pesar de que nosotros sabíamos que iba un cargamento de 700 kilos de coca dentro de un container de fruta, hicimos todos los chequeos previos, el examen de rigor en Free-Port, Bahamas, y hasta la DEA se hizo presente para certificar que había sido rutinario. Con esto ellos se quedaban tranquilos, pues no percibían que hubiera ningún operativo de profundidad contra ellos, sino que lo veían como el producto de algún descuido suyo, en fin, de los gajes del oficio. Y eso les daba más seguridad de que seguían siendo invisibles.

Aquí vale la pena contar lo que fue ese decomiso de Houston, pues varios agentes colombianos estaban allá. El container en cuestión llegó, fue individuado y se empezó el análisis. La policía de Houston estaba estrenando ese día una especie de camión de rayos x en el que se metían los containers. Los rayos x mostraban al detalle lo que había dentro del embalado, pero en el que teníamos señalado las autoridades no vieron nada. Nuestros agentes insistieron tanto que empezaron a abrir el container, bajo la mirada más bien recelosa de los policías de aduanas de Houston. La cosa duró un rato, revisando las cajas de fruta, pero cuando iban por la mitad del container nada que encontraban la coca. Los norteamericanos estaban poniéndose francamente nerviosos y empezaron a decirle a nuestros agentes que ahí no había nada, que revisaran la información y que si seguían abriendo cajas habría que hacerse responsable económicamente de los daños. Pero mis agentes dijeron "seguimos para adelante", y mientras que los policías colocaban en filas las cajas con la fruta ya revisada, los nuestros seguían buscando. El ambiente se fue enrareciendo y los policías ya no querían saber nada más de droga. Hasta que uno de nuestros agentes regresó a revisar la pulpa congelada de guayaba. Agarró una bolsa grande de pulpa, la puso al sol y la restregó bien con la mano. Dentro de la pulpa, al descongelarse, fue apareciendo otra bolsa con un producto de color blanco: era la coca.

Los agentes de aduana gringos gritaban de felicidad. Todo por la malicia indígena del policía colombiano.

El "día D"

EL "DÍA D" DE LA OPERACIÓN Milenio fue el 13 de octubre de 1999, a las cuatro de la mañana. Ese día en Medellín y alrededores, Cali y Bogotá se debía detener a los 31 jefes de forma simultánea, pues si se capturaba a una parte los demás, alertados, se replegarían poniendo en peligro el éxito total de la operación. Aquí hubo una diferencia inmediata con respecto al trabajo contra el cartel de Cali. En Cali nosotros debíamos actuar el mismo día en que las informaciones coincidían, sin tiempo para planear la mejor forma de ataque. Allá se golpeaba de inmediato pues se trataba de localizarlos y detenerlos. En este caso ya los teníamos ubicados casi desde el principio, y de lo que se trataba era de dejarlos vivir para reunir las pruebas y finalmente darles el golpe. Eso nos permitió elegir con cabeza fría el mejor momento de la captura, las mejores condiciones, estudiar todos los posibles problemas y preverlos, que pueden ser muchos: ¿Qué hacer con los celadores en caso de que hubiera? ¿Qué hacer con los niños si hay alguno? ¿Cuántos fiscales y procuradores se necesitan? ¿Quiénes van a ser los testigos? ¿Qué armamento se necesita para cada caso? Hicimos lo que se llamó "grupos" para cada captura, pues en algunas de ellas era necesario un cerrajero de puertas blindadas y cajas fuertes, un dactiloscopista, en otras un helicóptero. En suma: un trabajo de alta cirugía.

El primer problema que tuve que resolver, cuando ya todo estaba listo y cuando cada uno de los narcos estaba ubicado en el lugar en donde debíamos capturarlo, fue el de la movilización de los agentes. Para poder agarrarlos se necesitaba al menos una veintena de personas para cada uno, a lo que se sumaban los agentes de la Procuraduría y de la Fiscalía. ¿Cómo hacer para desplazar a esa cantidad de personas sin levantar sospechas? La solución se me ocurrió de pronto, como un rayo de luz: realizar un congreso. Y así lo hicimos. Entonces convocamos a toda la gente que necesitábamos a participar en un Seminario Interinstitucional de Derechos Humanos y Policía Judicial, a realizarse en Medellín y Cali los días 12 y 13 de octubre. Esa "cobertura" nos permitió movilizarlos a todos sin levantar sospechas, y así el 12 de octubre, Día de la Raza, todos los convocados fueron llegando al hotel Dann Carlton y al Intercontinental de Medellín y Cali, aunque la mayoría no sabía cuál era el verdadero motivo de su viaje. Luego, en actividades de inteligencia pudimos comprobar que esta precaución fue vital, pues algunos de ellos preguntaron por el desplazamiento de autoridades y sus informantes les dijeron "tranquilos, es para un congreso".

Una operación como esta debe ser hecha con máxima reserva y con lo que nosotros llamamos "compartimentación", que quiere decir que sólo muy pocas personas de estricta confianza conocen la totalidad del plan. Hay quienes conocen algunos aspectos parciales, pero sólo mis jefes de Inteligencia Óscar Naranjo, de la Policía Judicial Ismael Trujillo, el presidente de la República Andrés Pastrana, el fiscal Alfonso Gómez, el ministro de Defensa Luis Fernando Ramírez, el procurador Jaime Bernal Cuéllar, y yo mismo conocíamos el rompecabezas completo, con fechas, lugares y detalles. Esta precaución era fundamental por la magnitud del caso, aunque debo decir que la Operación Milenio fue sobre todas las cosas la demostración de transparencia y honestidad más grande de un enorme grupo de agentes de la Policía Nacional. Yo siempre digo que hay una ecuación que no falla en las lides policiales: cero filtración + cero corrupción = operación perfecta. En este caso hubo cero filtración, lo que equivale a decir que hubo cero corrupción entre mis policías, y si tenemos en cuenta que se involucró a cerca de mil agentes se puede entender mi orgullo por cada uno de ellos, hombres y mujeres honestos, personas valerosas y limpias que me confirman cada día que hay que seguir luchando por este país, que nada está perdido pues ellos son el espejo de lo mejor que tenemos.

El 12 de octubre, a las nueve de la noche, muchos de los convocados al seminario se enteraron de cuál era la verdadera razón de su presencia en Cali y Medellín. La elección de ese día, por cierto, también fue el resultado de un análisis: no había reinados, no había fiestas, no había feria equina ni ganadera. Era el día perfecto. Y comenzaron las capturas, teniendo como puesto de mando la sala de juntas de la oficina del general Trujillo, en las instalaciones de la Dijín. La salida de los agentes tuvo sus anécdotas. En Medellín, por ejemplo, los empleados del hotel Intercontinental los vieron llegar a todos de civil, pero cuando era la hora prevista los agentes se cambiaron, se quisieron uniformes, armamento, etcétera. Al bajar en el ascensor al sótano una señora lo paró en el tercer piso y al abrirse y vernos casi se desmaya. En el parqueadero del sótano había un policía de turismo y dos vigilantes y apenas nos vieron salir nos miraron como diciendo de qué película son estos tipos.

Hay que decir que a unos les fue mejor que a otros. Carlos Alonso Cárdenas, alias "Caliche", por ejemplo, tuvo suerte, pues lo detuvimos después de pasar el día con la amante en el motel El Paracaídas de Bogotá. Caliche tuvo al menos su buena despedida. Caso muy distinto fue el de Darío Echeverry –socio del narcotraficante Jairo Aparicio Lenis–, que se iba a vivir ese mismo día a Ecuador con su familia. La ruta aérea que Darío Echeverry había elegido fue Cali-Bogotá-Quito, y entonces tuvimos que inventarnos algo para detenerlo en el aeropuerto Eldorado. Lo único que se pudo hacer fue montarle un problema de pago de alimentos a los hijos de un matrimonio anterior, y con eso pudimos retenerlo. Él llegó a las siete de la noche a Eldorado y al presentarse a inmigración lo paramos. Un agente le explicó lo que pasaba y le dijo que era una cuestión menor, pero que debía esperar hasta el día siguiente para poder salir del país. Darío insistió en arreglarlo de una vez pero se le pusieron todas las trabas posibles, haciéndole ver que no era nada grave, simplemente un problema formal que le impedía salir del país. Ya más tranquilo al ver que era algo rutinario envió a la mujer y a los hijos en el vuelo siguiente y se despidió diciéndoles que los alcanzaba al otro día en el primer avión de Bogotá a Quito. Los agentes lo fueron frenando en el aeropuerto hasta que se hizo muy tarde y luego le pidieron que fuera a la Fiscalía a firmar unos documentos. Al llegar allá, a las dos de la mañana -que era la hora de inicio de los operativos—, se le notificó que había contra él una orden de arresto con fines de extradición. El tipo se quedó tieso en la silla mirando el papel y luego lloró.

La verdad es que casi todos lloraron al ser detenidos, y esto lo cuento sólo para que se entienda hasta qué punto ellos no se esperaban el golpe. Los Rodríguez Orejuela no lloraron porque la posibilidad de ser arrestados estaba en su agenda diaria. Era algo con lo que convivían. Pero no estos. Estos no esperaban nada y tal vez por eso ninguno opuso resistencia.

El propio Juvenal no se lo esperaba. Esa noche se encontraba en la casa de Luis Fernando Rebellón, alias Jimmy, que estaba de cumpleaños y que, cosa rara, lo celebraba en su casa con su esposa oficial. Es raro que los narcos se reúnan en sus propias residencias. El otro invitado era Alfredo Tascón Aguirre, alias "Candelita", y eso para nosotros fue un golpe de suerte porque Alfredo Tascón se nos había perdido hacía tres días en Cali. Por eso, al hacer el balance previo a la operación, no lo teníamos contado como futuro capturado. Pero hubo suerte y vino al cumpleaños de su amigo Jimmy, y nosotros hicimos carambola de tres bandas. Por poco Tascón se queda fuera de la Operación Milenio. Cuando nuestros agentes entraron a la casa rompiendo un vidrio, los tres ni se dieron cuenta. Juvenal estaba dormido en la silla, completamente borracho. Jimmy y Tascón conversaban oyendo música. Hubo que tocarles en el hombro para que se dieran cuenta de que habíamos entrado.

La captura de Fabio Ochoa, en una de sus fincas cerca de Medellín, fue una de las operaciones de mayor precisión. Para ella se utilizaron dos grupos de agentes que cubrían las entradas de la finca, que eran dos. Una, la principal, se abría con control remoto, y otra, por la zona trasera, era un portal que daba a una carretera destapada. Para llegar a la entrada trasera había que pasar por una estación de Policía, la estación de Las Palmas, y decidimos incorporar al comandante de la zona, para no crear malestar, dejando en ella a un oficial de los nuestros que desconectó celulares y neutralizó las comunicaciones. El resto del grupo siguió avanzando mientras que los otros, los que estaban del lado de la entrada principal, esperaban para entrar sincronizados. Llevamos equipos de visión nocturna y nos apoyamos en el avión de Inteligencia. La finca quedaba en la loma y desde el avión nos ubicaban perfectamente, pues estábamos usando un flash infrarrojo que les permitía a ellos saber desde arriba quién era cada uno. Cuando ya estábamos cerca el avión nos advirtió que una persona había salido corriendo de la casa hacia la mata de monte. Eso ponía en peligro el operativo pues podía ser Fabio, pero continuamos avanzando. Al llegar a la casa encontramos a un grupo de escoltas que no opusieron resistencia. El celador pensó que era un asalto e hizo un disparo, pero cuando le dijimos que éramos de la Policía nos entregó el arma. Los guardaespaldas y celadores trataban de frenarnos la entrada a la casa aunque sin oponer resistencia; trataban de dar tiempo adentro para escapar o esconderse, lo que nos hizo pensar que la persona que había salido corriendo no era Fabio. La casa estaba a nombre del secretario de Fabio, Luis Roldán, y los trabajadores seguían poniendo trabas en el avance al interior de la casa. Hasta que unos hombres del grupo de la entrada principal entraron por la ventana a la residencia y le abrieron a los otros. Y al entrar apareció Fabio, con un piyama de shorts, medio dormido y sin saber qué pasaba. De inmediato lo esposamos y él no entendía, pero cuando se le notificó el arresto con fines de extradición se despertó. En la casa llamaban la atención las obras de arte: cuadros originales de Obregón, Botero y Grau. Tenía un piano de cola, porcelanas finas. La persona que había salido corriendo era un vigilante que creyó que era un secuestro.

Desde la Casa Blanca, el presidente Bill Clinton elogió la

operación con palabras afectuosas en una carta dirigida al presidente Andrés Pastrana: "Esta victoria obtenida con gran esfuerzo es un testimonio del compromiso que compartimos en la lucha contra la producción y el tráfico de drogas ilícitas", escribió Clinton, y agregó: "La Operación Milenio es un modelo para el tipo de cooperación multilateral que cada vez será más esencial si los gobiernos responsables en todo el mundo van a hacer mayores y sustanciales progresos en contra del narcotráfico".

Entonces, en Estados Unidos, se hará la última pelea legal, una pelea cuyo resultado espero sea lo más justo posible; en el que se le dé a cada uno exactamente lo que debe, con toda justicia. De nuestro lado seguiremos luchando, y la Operación Milenio, como todo el trabajo anterior, debe ser comprendida como un mensaje contundente a las organizaciones que exportan drogas: no descansaremos hasta que todos y cada uno de los narcos estén en la cárcel; no descansaremos hasta que el narcotráfico en Colombia se vuelva impracticable, no nos amedrentarán el terrorismo, las amenazas y la calumnia porque nuestros compromiso es con la patria que nos vio nacer y nos verá morir: Colombia.

Agradecimientos

A LOS HOMBRES Y MUJERES que han aportado y contribuido a este proceso de lucha contra las mafias del narcotráfico, que sin duda alguna es el peor mal del Colombia al terminar este milenio.

Mis agradecimientos a las dos mujeres más importantes de este mundo: mi madre, Lolita, y mi esposa, Hilde. A ellas les debo lo que soy. También a mis hijos Claudia, Franz y Jorge; a mis nietos Juan Nicolás, Jorge Luis y Juan Pablo. Todos ellos han sido el baluarte fundamental para llevar a cabo una carrera digna y han entendido lo difícil de mi profesión.

Soy un hombre de pueblo, que ha procurado hacer las cosas bien. Por ello merecen una mención especial los policías honestos y mi equipo de trabajo, a quienes guardo mis respetos y consideración porque han contribuido al desarrollo de la institución en beneficio del país.

Quisiera mencionar a muchas personas cuyos nombres por razones de seguridad no puedo revelar. Ellos saben quiénes son. Su contribución fue muy valiosa durante las jornadas de recopilación de historias y anécdotas para escribir este libro con Santiago Gamboa. Finalmente debo mencionar la colaboración de nuestro incansable asesor de prensa e imagen, Carlos Perdomo.

A LOS HOMBRES Y MUJERES que han aportado y contribuido a este proceso de lucha contra las mafias del narcotráfico, que sin duda alguna es el peor mal del Colombia al terminar este milenio.

Mis agradecimientos a las dos mujeres más importantes de este mundo: mi madre, Lolita, y mi esposa, Hilde. A ellas les debo lo que soy. También a mis hijos Claudia, Franz y Jorge; a mis nietos Juan Nicolás, Jorge Luis y Juan Pablo. Todos ellos han sido el baluarte fundamental para llevar a cabo una carrera digna y han entendido lo difícil de mi profesión.

Soy un hombre de pueblo, que ha procurado hacer las cosas bien. Por ello merecen una mención especial los policías honestos y mi equipo de trabajo, a quienes guardo mis respetos y consideración porque han contribuido al desarrollo de la institución en beneficio del país.

Quisiera mencionar a muchas personas cuyos nombres por razones de seguridad no puedo revelar. Ellos saben quiénes son. Su contribución fue muy valiosa durante las jornadas de recopilación de historias y anécdotas para escribir este libro con Santiago Gamboa. Finalmente debo mencionar la colaboración de nuestro incansable asesor de prensa e imagen, Carlos Perdomo.